3데이즈
in 교토

RHK 여행연구소 지음

3 DAYS in Kyoto

목차 Contents

- 4 프롤로그
- 6 일본은 어떤 나라일까?
  교토는 이런 도시
- 10 기본 여행 정보
- 12 대중교통 정보
- 14 기초 일본어

DAY 1 — 교토 대표 명소 투어

- 16 교토 최고의 팬케이크 전문점에서 시작하는 아침
- 18 도시 전체가 유적지, 교토 세계유산 산책 1
- 20 도시 전체가 유적지, 교토 세계유산 산책 2
- 24 철학의 길에서 보내는 한가로운 시간
- 28 도시 전체가 유적지, 교토 세계유산 산책 3
- 30 고즈넉한 골목에서 교토 기념품 쇼핑
- 34 요즘 가장 핫한 카페에서 커피 한 잔
- 36 인기 다이닝 스폿에서 즐기는 교토의 맛
- 40 오늘의 루트 MAP

DAY 2 — 더 깊숙이 느끼는 교토

- 44 레트로 커피숍에서 시작하는 교토의 아침
- 50 교토 최고의 절경, 아라시야마 산책
- 56 아름다운 풍경을 보며 먹는 점심 식사
- 58 아라시야마에서 맛볼 수 있는 특별한 디저트
- 60 란덴역 근처에서 아라시야마 쇼핑
- 66 시장에서 현지인의 식탁 엿보기
- 70 마치야에서 즐기는 창작 요리
- 72 교토 최고의 번화가에서 쇼핑하기
- 76 오늘의 루트 MAP

Special & Column

- 22 아름다운 산책로 철학의 길
- 38 교토의 오래된 흔적들
- 39 교토의 세계유산
- 42 교토에서 온 선물 1
- 49 교토의 토종 커피숍
- 62 쇼류엔 추천 먹거리
- 68 니시키 시장 먹거리 투어
- 78 교토에서 온 선물 2
- 82 교토 북부를 달리는 노면 전차들
- 108 교토에서 온 선물 3
- 128 나라의 사슴
- 129 나라에서 온 선물

교토만의 감성이 가득한 일상 산책

- 80 카모가와를 따라 교토 북부로
- 84 걷기 좋은 마을 이치조지 산책
- 90 집밥 같은 건강한 점심
- 92 보물찾기 같은 골목, 토미코지도리 산책
- 98 산책의 끝자락, 마치야 상점에서 한 박자 쉬어가기
- 102 예약 필수! 화제의 맛집으로
- 104 교토역에서 명물 과자 쇼핑하기
- 106 오늘의 루트 MAP

3일여행이 아쉽다면, 조금 더 멀리 가보기 / 번외편

- 110 한 걸음 더, 교토
    교토의 숨은 보석 오하라
    여우가 지키고 있는 교토 남부 명소
- 116 작고 귀여운 사슴의 도시, 나라
    사슴과 함께 하는 나라 세계유산 산책
    현지에서도 인기 있는 카페&잡화점
    과거와 현재가 공존하는 나라마치에서 쇼핑하기
- 130 나라 루트 MAP
- 132 제가 묵어봤습니다! 교토 추천 호텔
- 135 에필로그

프롤로그

일본의 천년 고도(古都) 교토!
오랜 세월 정치, 행정, 문화의 중심지로 화려한 전성기를 보낸 곳인 만큼
옛 전통과 문화를 소중히 간직해 오며 특유의 분위기를 가지고 있는 멋진 도시입니다.

칸사이(関西)로 가는 길이 더욱 가까워지며
그런 교토의 매력을 더욱 깊이 느끼려는 여행자가 많아졌습니다.
〈3데이즈 in 교토〉는 그런 여행자들에게 조금이라도
도움이 되고자 하는 마음을 담아 엮었습니다.
교토의 가장 큰 자랑이자 볼거리인 세계유산을 빼놓을 수는 없었기에
여러 번 방문해도 좋은 대표적인 명소를 수록하고, 그 사이사이를 채우는
먹거리와 쇼핑 등의 정보는 되도록 그동안 널리 소개되지 않았거나
최근 현지에서 가장 주목받는 곳들을 전하기 위해 노력했습니다.

또한, 교토와 함께 방문하면 좋은 근거리 도시 나라의
정보도 정성을 담아 준비했으니 기회가 된다면
나라의 사슴을 만나러 가 주세요.

하루의 일정을 동선과 추천할만한 코스를 고려하여
시간대별로 정리해 놓았으나 여러 개의 선택지가 수록된 경우도 있으니
책을 참고해 자신의 일정, 취향대로 여행을 즐겨주셨으면 좋겠습니다.

여행할수록 더욱 애정과 그리움이 쌓이는 교토의 매력이
여러분에게도 온전히 전달되기를 바랍니다.

RHK 여행연구소

일본은 어떤 나라일까?

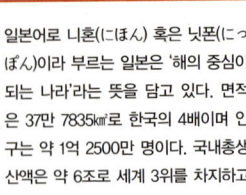

일본어로 니혼(にほん) 혹은 닛폰(にっぽん)이라 부르는 일본은 '해의 중심이 되는 나라'라는 뜻을 담고 있다. 면적은 37만 7835㎢로 한국의 4배이며 인구는 약 1억 2500만 명이다. 국내총생산액은 약 6조로 세계 3위를 차지하고 있다.

현재의 일본인이 어떻게 형성되었는가에 대해서는 명확하지 않지만 토착민이던 야마토(大和) 민족을 중심으로 일본 열도 각지에 산재해 있던 여러 인적 집단을 차례차례 복속하고 동화해 온 것으로 추측된다.

일본은 입헌군주제 국가로 자신의 생일을 말하거나 날짜를 기입할 때 서기가 아닌 원호를 기준으로 하는 사람이 많다. 1989년 1월 7일 쇼와(昭和) 일왕이 사망한 후 1월 8일부터 현재까지 새로운 원호인 헤이세이(平成)를 사용하고 있다. 현재 년도에서 1988을 빼면 헤이세이 연수를 알 수 있다(2015년 현재 헤이세이 27년).

일본에서 가장 넓고 깊게 자리 잡고 있는 종교는 토착신앙인 신도와 외래 종교인 불교이다. 하지만 일본 사람들은 생활관습으로서 신도와 불교를 받아들일 뿐 종교로 받아들이는 사람은 많지 않다.

교토는 이런 도시

화려한 천 년의 역사와 전통 속을 살아가는 사람들의 도시 교토

교토는 794년 헤이안쿄가 도읍이 되며 1200여 년간 일본의 수도로서 화려한 역사와 문화를 꽃피운 도시다. 오늘날에도 경제·문화의 중심지이자 국제적인 관광도시로 널리 이름이 알려져 있다.

교토는 일본의 가장 전통적인 '옛것'들을 가지고 있는 도시이지만, 의외로 일본 내에서 교토사람은 '새로운 것'을 잘 받아들이고 좋아한다는 인식이 있다. 그래서인지 전통적인 것 위에 현대적인 것을 덧입혀 새로운 아름다움을 만들어내는 것을 자주 볼 수 있다. 또 교토는 학술·문화 도시로 인구에 비해 많은 대학과 대학생이 있다. 오래된 도시이지만 새로움을 추구하는 젊은이의 비율이 높다는 점 또한 교토라는 도시의 재미있는 점이다.

이 책의 정보는 2015년 10월까지 취재·조사한 자료를 바탕으로 합니다. 일본어 표기는 현지 발음을 우선으로 하였으며, 고유명사처럼 통용되는 일부 단어는 외래어 표기법에 따랐습니다.

- 평균 수명 **1위** (2015 WHO)
- 전체 인구 **10위** (2014년 CIA)
- 국내총생산 (GDP) **3위** (2015년 IMF)
- 지역 매력도 **2위** (2014년 지역브랜드 연구소)
- 세대당 빵 소비량 **1위** (2014년 총무성 통계국 「가계조사」)
- 국보·중요문화재수 (미술공예품) **2위** (2014년 문화청)
- 국보·중요문화재수 (건축물) **1위** (2015년 문화청)
- 인구 대비 대학교·대학생 비율 **1위** (2015년 문부과학성 「학교기본조사」)

기본 여행 정보

교토 언제 가면 좋을까?

1년 내내 멋진 풍경과 자연, 다양한 행사가 가득한 도시 교토. 계절별로 저마다의 특색과 매력이 있어 하나를 고르기 어렵다. 하지만 벚꽃철인 봄과 단풍철인 가을은 가장 아름다운 계절이기도 하지만 최고의 성수기라는 점은 확실하니 여러 가지를 고려하여 여행 일정을 정해야 한다.

봄(3월~5월)
벚꽃이 만개하는 4월 초·중순이 성수기. 그만큼 온 도시가 분홍빛으로 물들어 아름답다. 야간 라이트업 행사를 하는 곳도 많으니 여행 전 꼭 체크해 보자.

여름(6월~8월)
일본의 여름은 축제의 계절! 기온제(祇園際)와 교토고잔노오쿠리비(京都五山の送り火) 등의 행사가 개최된다. 교토의 한여름은 꽤 더우니 건강에 유의해야 한다.

가을(9월~11월)
1년 중 가장 인기가 높은 최대 성수기다. 사찰 경내와 정원 등을 물들이는 단풍이 절경이다. 기간 한정 라이트업이나 특별 공개 등의 행사가 많으니 미리 알아보자.

겨울(12월~2월)
다른 계절에 비해 한산하게 관광할 수 있는 계절이다. 눈이 오면 아름다운 설경을 보는 매력이 있다. 2월에는 일찍 매화가 펴서 이른 봄을 느끼기에 좋다.

오픈 시간 확인

교토의 관광지나 그 근처 가게들은 무휴인 경우가 많지만, 레스토랑이나 상점은 정기 휴무일이 있는 경우가 많다. 꼭 가고 싶었던 가게가 쉬는 날이어서 방문하지 못하게 되면 일정이나 코스에 차질이 생길 수 있으니 미리 확인하자. 또, 관광지는 계절이나 요일에 따라 오픈 시간이 변경되는 곳이 많고 오후 4~6시면 닫는 경우가 많으니 주의해야 한다. 여행 전에 최신 정보를 꼭 확인해볼 것을 추천한다.

언어

공용어는 일본어다. 호텔에서는 대부분 영어가 통하는 편이지만 레스토랑이나 상점 등에서는 전혀 통하지 않는 경우도 종종 있다. 특히 관광객들이 많이 찾지 않는 곳은 영어 메뉴도 없을 수 있다.

돈

일본의 통화는 엔(JPY). 1JPY=약 950원. 상점과 음식점은 소비세(8%)를 제외하고(税抜き) 표기해 놓은 곳이 있으니 미리 확인해야 계산 시 당황하는 일이 없다. 또한, 한국과는 다르게 어디서든 신용카드를 사용할 수 있는 것은 아니다. 간혹 해외 결제용 카드 비밀번호 6자리를 눌러야 하는 곳도 있으니 출국 전 확인이 필요하다.

교통

교토에는 버스, 지하철, 택시 등 다양한 교통수단이 있는데 여행자들은 주요 관광지까지 잘 연계되어 있는 시버스를 가장 많이 이용하게 된다. 버스는 물론 지하철과 전철 역시 종류가 다양하고 노선이 꽤 복잡하게 얽혀있으니 미리 교통 정보를 수집해서 잘 알아보고 이동하는 것이 시간을 절약하는 방법이다.

교토로 가는 방법

아시아나항공·대한항공·제주항공·이스타항공·티웨이항공·진에어·피치항공 등의 다양한 항공사가 인천국제공항과 칸사이국제공항을 연결하며 약 1시간 40분이면 도착할 수 있다. 현재 피치항공만 제2터미널을 사용하고 그 외 항공사는 모두 제1터미널을 사용하므로 제1터미널에서는 입국수속 시 상당한 시간이 걸린다. 여기서는 교토로 가는 방법 중 칸사이국제공항에서 바로 가는 것과 오사카에서 가는 법을 간단하게 소개한다.

칸사이국제공항에서 교토로

칸사이국제공항에서 교토역까지 직행하는 JR 특급 하루카(はるか)를 이용하거나 케이한 버스(京阪バス)에서 운행하는 리무진버스를 이용할 수 있다. JR 특급 하루카는 교토역까지 약 1시간 15분 소요되며 편도 3170엔이다. 리무진버스는 약 1시간 30분이 소요되며 편도 2550엔, 왕복 4180엔이다. 승차권은 1층 자동발매기에서 구입할 수 있으며 버스에 따라 시조카와라마치, 카라스마오이케 등의 시내에서 내릴 수도 있다.

오사카에서 교토로

오사카에서는 JR 열차 또는 한큐(阪急)나 케이한 등 사철을 이용해서 교토로 들어갈 수 있다. JR 열차를 이용하면 신쾌속 기준 교토역까지 28분이 소요되며 편도 560엔으로, 교토까지 빨리 가는 대신 요금이 조금 비싸다. 한큐나 케이한을 이용하면 조금 느린 대신 저렴하게 갈 수 있다. 노선별로 장단점이 있지만 일반적으로 한큐 전철을 많이 이용한다. 한큐는 카와라마치역까지 45분 소요되며 편도 400엔이다.

대중교통 정보

교토 시내에서는 버스, 지하철, 전철, 택시 등 다양한 교통수단을 이용할 수 있다. 그중에서도 가장 편하게 이용할 수 있는 교통수단은 교토시 교통국에서 운영하는 시버스(市バス)다. 도시 곳곳에 문화유산이 산재해 있다 보니 지하철 노선은 제대로 갖춰져 있지 않은 반면, 버스 노선은 교토의 주요 명소를 거미줄처럼 연결하고 있다. JR 교토역 앞에 있는 버스 정류장에는 교토의 주요 명소를 연결하는 버스 노선이 있어 어떤 장소든 어렵지 않게 찾아갈 수 있지만, 각 명소에서 다른 명소로 이동할 때는 한 번에 바로 갈 수 있는 버스 노선이 없어 갈아타야 하는 경우도 있다. 따라서 교토 여행을 준비할 때는 미리 어떤 명소를 방문할지 계획을 세우고, 이동 시 이용할 버스 노선과 정류장 위치까지 미리 알아두는 것이 좋다.

버스

시에서 운영하는 시버스와 민간업체에서 운영하는 교토버스 등이 있다. 교토 시내 중심부에서 운행되고 있는 버스는 230엔 단일 요금제이다. 다구간 계통은 승차할 때 정리권(整理券)을 뽑고 내릴 때 요금표에 표시된 금액을 지불하는 시스템이다. 버스는 뒤에서 타고 앞으로 내리며, 요금은 내릴 때 내면 된다.

보통 여러 번 이동하는 경우가 많아 대부분의 여행자는 시버스·교토버스 1일 승차권(500엔)을 이용한다. 교토역 관광안내소나 지하철역 창구, 버스 차 내에서 구매할 수 있다. 최초 사용시에는 단말기에 넣어 날짜를 각인하고 이후에는 하차 시 운전기사에게 이용 날짜가 적힌 면을 보여주면 된다.

> **TIP**
>
> ### 교토종합관광안내소 쿄나비(京ナビ)
>
>
>
> 교토역 2층에 있는 교토종합관광안내소 쿄나비(京ナビ)를 방문해서 무료로 배포하는 최신 버스 노선도를 받아 여행을 시작하자. 버스 노선은 수시로 변경되므로 버스 노선도를 챙기는 것이 좋다. 노선도 외에 여행지 지도나 정보물을 받고, 가는 방법을 안내받을 수 있다.

지하철과 전철

교토시에는 남북을 가로지르는 카라스마센(烏丸線)과 동서를 가로지르는 토자이센(東西線) 2개 노선의 지하철이 있고, 이 밖에 JR, 케이후쿠(京福), 에이잔(叡山), 케이한(京阪), 한큐(阪急), 킨테츠(近鐵) 등 6개의 전철이 있다.

시버스를 이용하는 것이 편리하므로 교토 여행을 할 때 전철이나 지하철을 이용할 일은 거의 없지만 버스가 많이 막힐 때는 지하철을 활용하거나 아라시야마로 갈 때 케이후쿠나 한큐 전철을 이용하는 것도 고려할 만하다.

택시

교토 시내에는 택시가 많아 시민들이 편하게 이용할 수 있는 교통수단으로 자리 잡고 있다. 소형 택시의 기본요금은 1.7km까지 610엔으로, 우리나라 택시 기본 요금보다 무려 2배 정도 비싸다. 하지만 짧은 거리를 4명이 함께 이동할 경우 버스를 이용하는 것보다 싸게 이동할 수 있다. 다양한 택시 회사가 있어 각자 심볼 마크가 달라 지붕에 달린 택시등이 하트, 달, 클로버 등의 귀여운 모양을 하고 있다.

3 Days in Kyoto 13

• 기초 일본어 •

여행 전에 간단한 일본어를 알아보자. 몇 가지 일본어만으로는 자연스러운 의사소통이야 당연히 불가능하겠지만 식당, 상점 등에서 기본적인 인사를 건네는 것만으로도 여행이 한층 더 즐거워질 것이다.

인사

おはようございます 오하요고자이마스
아침 인사

こんにちは 콘니치와
점심 인사

こんばんは 콤방와
저녁 인사

お願いします 오네가이시마스
부탁드립니다

ありがとうございます 아리가또고자이마스
감사합니다

本当にありがとうございます 혼또니 아리가또고자이마스
정말 감사합니다

すみません 스미마셍
죄송합니다, 실례합니다

さようなら 사요나라
안녕히 계세요

はい 하이   いいえ 이이에
예   **아니오**

それでは、また 소레데와 마따
그럼, 또 봐요

식사

いただきます 이타다키마스
잘 먹겠습니다

ごちそうさまです 고치소사마데스
잘 먹었습니다

美味しい 오이시이
맛있어

乾杯 칸빠이 **건배**

韓国語のメニューありますか 캉코쿠고노 메뉴 아리마스까
한국어 메뉴판 있나요?

お勘定お願いします 오칸죠 오네가이시마스
계산 부탁드려요

칸사이 사투리

おおきに 오오키니
고맙습니다

ようおこし 요오오코시
어서오세요

まいど 마이도
항상 감사합니다

さいなら 사이나라
안녕(헤어질 때)

ヘレ 헤레
안심(고기)

れいこー 레에코
아이스커피

화장실

トイレ 토이레
お手洗い 오테아라이
화장실

トイレはどこですか 토이레와 도코데스까
화장실이 어디 있나요?

トイレを借りてもいいですか 토이레오 카리떼모 이이데스까
화장실 좀 써도 괜찮나요?

상점

福袋 후쿠부쿠로
럭키 박스
(보통 연초에 상점에서 판매)

期間限定 키캉겐테
기간 한정

セール 세에루
세일

税抜き 제에누키
세금 불포함

税込み 제에코미
세금 포함

유용한 표현

いくらですか 이쿠라데스까
얼마인가요?

レシートください 레시토 쿠다사이
영수증 주세요

これください 코레 쿠다사이
이거 주세요

8:00

교토 최고의 팬케이크 전문점에서 시작하는 아침

교토 여행의 첫날은 인기 있는 팬케이크 하우스에서 시작해보자. 부드럽고 폭신폭신한 팬케이크 한 입이 몸도 마음도 따뜻하게 녹여준다.

화제의 뉴욕 스타일 팬케이크 하우스

카페 라인벡 Cafe Rhinebeck

애플파이와 미국식 디저트로 유명한 교토의 Cafe&Pantry 마츠노스케(松之助)의 오너 파티시에 히라노 아키코(平野 顕子) 씨가 두 번째로 교토에 개점한 팬케이크 하우스. 마치야(町家)를 이용한 공간은 '자신만의 시간을 즐길 수 있는 기분 좋은 공간'을 목표로 하는 그녀의 가게답게 느긋하고 여유롭게 시간을 보낼 수 있는 분위기다. 주문 즉시 한 장 한 장 정성스럽게 구워져 나오기 때문에 입안에서 살살 녹는 따뜻하고 부드러운 팬케이크를 만날 수 있다. 곁들여 나오는 수제 시럽도 팬케이크의 풍미를 한층 살려준다. 오전 10시까지 제공하는 모닝 메뉴는 680~1000엔이다. 자매점인 마츠노스케의 인기 상품인 비스킷과 스콘은 금·토·일요일에만 맛볼 수 있는 한정 메뉴.

- 시버스 이치조모도리바시(一条戻り橋) 정류장 또는 오미야나카타치우리(大宮中立売) 정류장에서 도보 7분
- 京都市上京区大宮通中立売上ル石薬師町692
- 08:00~18:00(L.O 17:30) / 화요일 휴무(공휴일은 영업)
- +81-75-451-1208
- www.matsunosukepie.com

① 모닝 메뉴인 소세지&콘(ソーセージ&コーン, 850엔) 세트.
② 주말 한정 스콘 세트(スコーンセット, 680엔).
③ 모닝 메뉴에는 커피나 홍차가 함께 제공된다.

화장실로 가는 복도 옆에는 마치야답게
작은 정원이 있다.

3 Days in Kyoto 17

도시 전체가 유적지, 교토 세계유산 산책 I

교토는 도시 전역에 널리 분포하고 있는 세계유산으로 인해 도시 전체가 유적지라는 말이 나올 정도. 그 중에서도 가장 관광객의 사랑을 받는 킨카쿠지에 가보자.

금빛으로 반짝이는 아름다운 누각

킨카쿠지 金閣寺

- 시버스 킨카쿠지미치(金閣寺道) 정류장에서 도보 3분
- 京都市北区金閣寺町1
- 09:00~17:00
- +81-75-461-0013
- www.shokoku-ji.jp/k_about.html

정식 명칭은 이곳의 주인이었던 아시카가 요시미츠(足利義滿)의 법명에서 비롯된 로쿠온지(鹿苑寺). 하지만 황금빛으로 반짝이는 누각으로 인해 우리에겐 킨카쿠지라는 이름으로 친숙하다. 교토를 대표하는 문화유산답게 언제나 관광객으로 북적인다.

입구로 들어서 걷다 보면 이내 호수같이 넓은 연못 위에서 눈부시게 반짝이는 킨카쿠를 만날 수 있다. 생각보다 볼 것이 없다며 실망하는 이도 있지만 맑은 날 햇빛에 반사되어 영롱한 금빛으로 반짝이는 킨카쿠는 그 자체로 한 폭의 그림과 같다.

천천히 걸으며 다양한 각도에서 금빛 누각을 관망하다 보면 산책로를 따라 사찰 정원을 한 바퀴 돌아볼 수 있는데, 이 정원 역시 국가 지정 특별 유적·특별 명승지다. 계절과 시기를 달리하여 여러 가지 아름다움을 보여주는 것이 킨카쿠지의 가장 큰 매력이며, 아마 그것이 여러 번 교토를 방문해도 다시 한 번 킨카쿠지를 찾게 하는 이유일 것이다.

> **TIP**
> 건축 당시에는 일본 최초의 3층 건물이었던 킨카쿠 샤리덴(舍利殿)은 실제로 요시미츠가 51세까지 거주했던 곳으로, 지금은 부처의 사리가 안치되어 있다고 한다. 사리가 안치된 3층은 특별히 천장과 벽도 금박을 입혔다고 하는데, 안타깝게도 내부는 비공개.

수령 600년이 넘었다고 하는 배 모양의 소나무 리쿠슈노마츠(陸舟の松).

입장료(고교생 이상 400엔, 초·중학생 300엔)를 내면 답례로 가정의 평안과 복을 기원하는 부적을 준다.

3 Days in Kyoto　19

11:00

도시 전체가 유적지, 교토 세계유산 산책 II

킨카쿠지와는 또 다른 아름다움을 보여주는 사찰 긴카쿠지. 자연 속에서 펼쳐지는 절제된 아름다움은 마음을 차분하게 만들어 준다.

자연과 어우러지는 세련된 아름다움

긴카쿠지 銀閣寺

- 시버스 긴카쿠지미치(銀閣寺道) 정류장에서 도보 5분
- 京都市左京区銀閣寺町2
- 08:30~17:00(12~2월 09:00~16:30)
- +81-75-771-5/25
- www.shokoku-ji.or.jp/g_about.html

긴카쿠지는 킨카쿠지를 건립한 요시미츠의 손자 아시카가 요시마사(足利義政)가 자신의 별장으로 지은 곳으로, 정식 명칭은 그의 법명에서 유래된 지쇼지(慈照寺)다. 긴카쿠지라는 명칭의 유래에 대해서는 외벽을 은박으로 장식하려 했기 때문이라는 설도 있고 킨카쿠지와는 대비되는 미적 감각을 상징한다는 설도 있다.

입구를 들어서자마자 약 50m에 이르는 참배길에는 푸른 나무 담벼락이 양쪽으로 높게 솟아 있다. 마치 다른 세상으로 연결되는 길 같은 느낌. 실제로 현실 세계와 극락정토의 경계를 표현하는 것이라고 한다. 화려한 모습으로 외국인에게는 킨카쿠지가 인기 있지만, 사실 많은 일본인이 더 아끼고 사랑하는 곳은 바로 긴카쿠지. 킨카쿠와 대조되는 담백한 모습의 긴카쿠 칸논덴(観音殿)이 자칫 밋밋해 보일 수 있지만, 그것을 둘러싸고 있는 자연과 구조물을 차분하게 바라보고 있노라면 이곳이 얼마나 수준 높은 미적 감각으로 건축한 기품 있는 사찰인지 느껴진다.

DAY 1

① 입구에서 매표소로 연결되는 참배길.

② 산책로를 따라 언덕을 오르다 보면 사찰 경내가 한눈에 들어오는 전망대를 만날 수 있다. 날씨가 좋은 날에는 교토 시내 멀리까지 조망할 수 있으니 이곳의 풍경을 놓치지 말자.

③ 흰 모래에 사선을 연속적으로 그려놓은 긴샤단(銀沙灘)과 원뿔 형태의 조형물 코게츠다이(向月台)는 세련된 모던 아트를 떠오르게 한다.

④ 입장료(고교생 이상 500엔, 초·중학생 300엔)를 내면 받을 수 있는 부적.

3 Days in Kyoto 21

Special
아름다운 산책로
철학의 길

긴카쿠지에서 난젠지까지 이어지는 약 2km의 산책길. 일본의 철학자인 니시다 키타로(西田幾多郞)가 이 길을 산책하면서 사색을 즐겼다 하여 철학의 길이라는 멋진 이름이 붙게 되었다. 비와코(琵琶湖)의 물이 흐르는 인공운하를 따라 양쪽에 심겨 있는 벚나무의 신록이 아름다운 길로, 특히 벚꽃이 피는 봄과 단풍이 물드는 가을에 방문하면 더욱 좋다. 이 길을 따라 곳곳에 작은 카페, 갤러리, 잡화점이 숨어있어 그곳들을 구경하며 천천히 교토의 계절과 정취를 느낄 수 있다.

벚꽃 명소로 유명한 철학의 길. 교토의 봄은 어느 곳이나 아름답지만 따뜻한 봄 햇살을 받으며 걷는 철학의 길은 그야말로 봄의 절정!

철학의 길에서 붉게 물든 가을 단풍을 즐기는 것도 좋다. 이곳에서는 어느 계절에나 전통 체험을 하기 위해 기모노를 입고 걷고 있는 여성을 만날 수 있다.

철학의 길 끝자락에 길고양이들이 모여 지내는 작은 아지트가 있다. 산책이 끝날 무렵 그들을 만나 인사를 나누는 것도 하나의 즐거움이다.

12:30 ①

철학의 길에서 보내는 한가로운 시간

자연의 아름다움을 느끼며 철학의 길을 걷다 보면 만날 수 있는 크고 작은 카페와 맛집. 그곳에서 식사와 디저트를 즐기며 교토에서의 여유로운 시간을 즐겨보자.

일본 정원을 바라보며 즐기는 차와 디저트

요지야 숍&카페 よーじやショップ＆カフェ

- 시버스 긴카쿠지마에(銀閣寺前) 정류장에서 도보 10분 또는 긴린샤코마에(錦林車庫前) 정류장에서 도보 5분
- 京都市左京区鹿ヶ谷法然院町15
- 10:00~18:00
- +81-75-754-0017
- www.yojiyacafe.com/index.html

일본의 정취가 느껴지는 전통 가옥을 개조하여 만든 카페. 교토 토종 코스메틱 브랜드 요지야의 이미지와도 잘 맞아 여러 개의 카페 지점 중 특히 긴카쿠지점(銀閣寺店)이 인기 있다. 다다미방에 앉아 작은 개인 소반을 앞에 두고 정원을 바라보며 차 한 잔의 여유를 가질 수 있는 것이 이곳의 가장 큰 매력이다.

긴카쿠지점에서만 맛볼 수 있는 한정 메뉴 '요지야 세트'는 녹차 아이스크림과 모나카 과자, 팥이 함께 나와 취향대로 모나카를 만들어 먹는 재미가 있다. 산책 도중 살짝 지쳤을 때 먹으면 힘이 날 만큼 달콤하고 든든하다.

요지야를 상징하는 로고 마크 '요지야의 얼굴'이 새겨진 말차 카푸치노 (よーじや製抹茶カプチーノ, 670엔).

DAY 1

TIP
요지야의 교토 도시락

요지야 카페 긴카쿠지점에서는 계절의 색채를 담아낸 교토의 도시락을 맛볼 수 있다. 예약제로 운영되며 2층 개인실에서 편안하고 여유롭게 식사를 즐길 수 있다.

긴카쿠지점 한정 메뉴 요지야 세트
(よーじやセット, 1100엔).

① 2층 전통 주택 앞으로 아름다운 일본식 정원이 가꾸어져 있다.
② 정원 안쪽에는 요지야 숍이 숨어있다.
③ 카페 다다미실로 들어서면 멋진 정원의 풍경이 한눈에!
④ 입구에서는 요지야 카페 오리지널 상품도 판매하고 있다.

3 Days in Kyoto 25

교토풍 카레 우동으로 든든한 점심
히노데우동 日の出うどん

주인 할아버지와 할머니가 반갑게 한국어 한마디를 건네주시는 작은 우동 집. 이래 봬도 현지인과 관광객 모두에게 카레 우동으로 유명한 맛집이어서 오픈 시간부터 항상 기다리는 사람들이 몇 명씩은 꼭 있다. 추천 메뉴는 고기와 파, 유부가 들어간 토쿠카레우동(特カレーうどん, 1000엔). 우동의 종류와 매운맛 정도를 선택할 수 있고 귀여운 글씨로 쓰인 한국어 메뉴판도 준비되어 있다.
오래 끓인 일본 가정식 카레처럼 면도 살짝 부드러운 느낌이라 탱탱한 우동면을 좋아한다면 조금 실망할지도. 하지만 할머니가 해주시는 정성 담긴 카레 우동 같은 따뜻한 맛이 난다.

- 시버스 히가시텐노초(東天王町) 정류장에서 도보 8분 또는 미야노마에초(宮ノ前町) 정류장에서 도보 3분
- 京都市左京区南禅寺北ノ坊町36
- 11:00~15:30 / 일요일, 첫째 · 셋째 월요일 휴무(7 · 8 · 12월은 부정기적)
- +81-75-751-9251
- hinodeudon.com

카레와 고기만으로 맛을 낸
니쿠이리카레우동
(肉入カレーうどん, 900엔).

인기 메뉴인 토쿠카레우동.
다양한 재료가 들어가 양이 푸짐하다.

소바(そば) 메뉴도 있다. 따뜻한 소바 한 그릇은 500엔.

3 Days in Kyoto

14:00

도시 전체가 유적지,
교토 세계유산 산책Ⅲ

교토 세계유산 산책에서 절대 빼놓을 수 없는 최고의 인기 스폿 키요미즈데라. 절 내부는 물론 근처에도 볼거리와 쇼핑 스폿이 풍부하다.

연간 500만 명 이상이 방문하는 인기 관광지

키요미즈데라 清水寺

- 시버스 고조자카(五条坂) 정류장 또는 키요미즈미치(清水道) 정류장에서 도보 10분
- 京都市東山区清水一丁目294
- 06:00~18:00(시기에 따라 변동)
- +81-75-551-1234
- www.kiyomizudera.or.jp

교토를 대표하는 가장 유명한 절로 계절을 불문하고 언제나 수많은 관광객으로 붐빈다. 특히 벚꽃이나 단풍철에는 키요미즈데라로 향하는 고조자카(五条坂) 입구부터 관광버스와 사람들이 가득하다. 그럼에도 불구하고 이곳을 추천하는 이유는 가장 교토다운 풍경과 분위기를 느낄 수 있기 때문.

입구에서 관람객을 반기는 주홍색의 니오몬(仁王門), 건물 4층 높이의 국보이자 '키요미즈의 무대(清水の舞台)'라고도 불리는 혼도(本堂), 사랑을 이루어 주는 것으로 유명한 지슈진자(地主神社), 세 개의 물줄기가 흐르는 오토와노타키(音羽の瀧) 등 볼거리가 가득하다.

특히 봄에는 벚꽃과 신록이, 가을에는 단풍이 절경을 이루는 등 계절마다 아름다운 경관을 즐길 수 있는 것으로 유명하며, 봄·가을 성수기에는 야간 라이트업(18:00~21:00) 행사를 한다.

① 교토에서 가장 일찍 아침을 여는 키요미즈데라의 정문 니오몬.

② 혼도에서 바라보는 교토의 풍경도 멋지지만, 혼도가 함께 보이는 풍경도 멋지다.

③ 인연을 만들고 사랑을 이루어준다는 지슈진자. 어린 소녀들과 연인이 많이 방문한다.

④ 오토와노타키의 물을 받아먹으면 학업성취, 연애성취, 무병장수 중 한 가지가 이루어진다고 한다. 어떤 소원을 빌지는 자신의 결정!

⑤ 벚꽃과 단풍 명소로도 유명한 키요미즈데라. 이 시기에는 관광객이 더 많지만 그만큼 아름다운 풍경을 볼 수 있다.

⑥ 계절별로 모양이 다른 키요미즈데라의 입장권. 요금은 어른 300엔, 어린이 200엔(봄, 가을 야간 특별개방 시 어른 400엔, 어린이 200엔)이다.

3 Days in Kyoto

15:30

고즈넉한 골목에서
교토 기념품 쇼핑

키요미즈데라 앞 골목 산넨자카(三年坂)와 니넨자카(二年坂)의 사이사이에는 기념품 가게와 잡화점 등이 빼곡히 들어서 있어 여행 기념 쇼핑을 하기에 안성맞춤!

교토의 전통 도자기를 구매하고 체험할 수 있는 곳
모리토키칸 森陶器館

관광객으로 붐비는 키요미즈자카(清水坂) 한가운데 있어 그냥 지나치기 쉬운 곳이지만, 이곳은 120년 이상의 역사를 가진 교토 도자기 키요미즈야키(清水焼)를 굽는 곳이다.
다양한 기념품을 판매하고 있지만, 이곳에서 가장 추천하고 싶은 것은 역시 도자기 제품. 부담스럽지 않은 가격의 생활용 그릇과 컵도

DAY 1

- 시버스 키요미즈미치(清水道) 정류장에서 도보 7분
- 京都市東山区清水2丁目254
- 09:00~17:00, 토·일요일·공휴일 09:00~18:00
- +81-75-561-3457
- www.moritoukikan.jp

많아서 기념품용 혹은 선물용으로 구매하기 좋다.
가게 안쪽에서는 직접 도자기 색 입히기를 할 수 있는
체험 교실도 운영하고 있다.

3 Days in Kyoto 31

교토의 맛을 가득 담은 과자 전문점
마르블랑슈 MALEBRANCHE

- 시버스 키요미즈미치(清水道) 정류장에서 도보 8분
- 京都市東山区清水2丁目256
- 09:00~18:00
- +81-75-551-5885
- www.malebranche.co.jp

교토 키타야마에 본점이 있는 과자 전문점. 가장 교토다운 과자를 만들고 판매한다. 그중 제일 인기 있는 것은 진한 녹차 맛 쿠키와 화이트 초콜릿의 환상적인 조화를 보여주는 차노카(茶の菓)와 교토의 다채로운 색과 맛을 담은 쿄사브레(京サブレ).
키요미즈데라 바로 앞에 있는 키요미즈자카 지점에서는 특히 이곳에서만 살 수 있는 한정 제품을 판매한다. 과자와 포장 모두 교토다움을 듬뿍 담고 있어 기념품으로 강력 추천한다.

키요미즈자카 지점 한정 쿄패키지(京パッケージ, 1180엔). 차노카와 쿄사브레가 다양하게 들어있어 인기있다.

컬러풀하고 귀여운 과자와 잡화가 가득한 곳
마룬 まるん

📍 시버스 키요미즈미치(清水道) 정류장에서 도보 10분
🏠 京都市東山区八坂通二年坂西ル
🕐 10:00~18:00
📞 +81-75-533-2111
🌐 www.maisendo.co.jp/marun.html

교토의 유명 부채 전문점 마이센도(舞扇堂)에서 운영하는 과자 전문점. 다양하고 귀여운 색감과 아기자기한 과자들이 눈길을 사로잡는다. 색색의 별사탕 콘페이토(こんぺいとう)와 장인이 손으로 만든 수제 사탕 쿄아메(京飴) 등이 교토 여행 기념 선물로 인기 있다.

키요미즈데라 앞에는 산넨자카 지점과 니넨자카 지점이 있는데, 니넨자카로 내려가는 계단 바로 옆에 있는 니넨자카 지점에서 좀 더 여유롭게 쇼핑할 수 있다.

인기 상품인 병아리와 아기 돼지 모양의
마시멜로풍 과자(ひよこほうずい/子ぶたほうずい, 각 951엔).

16:30

요즘 가장 핫한 카페에서
커피 한 잔

교토에 레트로 커피숍만 있는 것은 아니다! 대학의 도시답게 젊은이들이 많아서인지 새로운 것을 좋아하고 트렌드에 민감하게 반응하는 교토인들. 커피도 예외는 아니다.

① 라테아트 챔피언이자 이곳의 헤드 바리스타인 야마구치 준이치(山口淳一) 씨. 순식간에 맛있는 라테를 만들어 낸다.

② %아라비카는 야사카노토가 보이는 전통미 가득한 골목에 오묘한 분위기로 자리 잡고 있다.

③ 매장에서 %아라비카의 원두를 직접 구매할 수 있다.

라테아트 챔피언이 만들어주는 최고의 라테

%아라비카 %ARABICA

니넨자카로 향하는 계단 입구에서 왼쪽으로 고개를 돌리면 보이는 야사카노토(八坂の塔). 그곳을 향해 언덕을 내려가다 보면 거리의 느낌과는 살짝 이질적인 새하얀 벽과 통유리창의 모던한 외관을 하고 향긋한 원두향을 풍기는 카페가 있다. 홍콩에 이어 교토에 2호점을 오픈한 %아라비카는 최근 가장 주목받는 커피숍 중 하나다. 하와이의 자사 농장과 세계 각국에서 엄선한 원두를 직접 로스팅하여 에스프레소 3대 머신 중 하나로 꼽히는 슬레이어(Slayer) 머신을 사용해 추출한 커피를 제공한다. 그뿐만 아니라 최고의 맛을 전달하기 위해 2014 도쿄 라테아트 챔피언을 헤드 바리스타로 두고 있다. 커다란 테이블에 둘러앉아 다양한 나라에서 온 여행자들과 라테 한 잔을 마시며 쉬어가는 독특한 경험을 놓치지 말자.

📍 시버스 키요미즈미치(清水道) 정류장에서 도보 8분
🏠 京都市東山区星野町87-5
🕐 08:00~18:00
📞 +81-75-746-3669
🌐 www.arabica.coffee

TIP
이곳에서도 만날 수 있어요!
%ARABICA 아라시야마 지점

2015년 7월 아라시야마에 %ARABICA 교토 2호점이 오픈했다. 호즈가와 옆 도로에 자리한 작은 사각형 건물 앞에 앉아 커피 한 잔과 함께 최고의 경치를 보며 잠시 쉬어갈 수 있다.

🏠 京都市右京区嵯峨天龍寺芒ノ馬場町3-47
🕐 08:00~18:00
📞 +81-75-748-0057

18:00 ①

인기 다이닝 스폿에서 즐기는 **교토의 맛**

일본 요리의 정수로 일컬어지는 교토 정식을 '쿄료리(京料理)'라고 지칭한다. 최근 주목받는 쿄료리 전문점은 발전을 거듭하며 다양한 퓨전의 형태를 보여주고 있다.

쿄료리와 프렌치의 절묘한 만남
류노히게 龍のひげ

모노톤의 외벽과 통유리로 이루어진 외관에 쓰여 있는 글씨는 'ryu no hige'뿐. 처음 방문하는 사람은 그냥 지나치기 쉬운 골목 속 숨겨진 맛집이다. 쿄료리 전문점이라고 하면 료칸이나 일본 전통 가옥의 느낌을 떠올리기 쉽지만, 이곳은 높은 천장과 하얀 테이블시트, 은은한 조명으로 손님을 맞이한다.

류노히게는 신선한 교토의 식재료로 계절감을 듬뿍 담는 쿄료리의 장인 정신에 세련된 프렌치 요리를 융합한 독창적인 요리를 선보인다. 대표 코스인 류노히게 코스(龍のひげ코스, 5500엔)는 매달 메뉴가 변경되며 제철재료를 사용한 요리로 구성된다. 예약이 필수인 런치 코스(런치코스, 3500엔)도 합리적인 가격으로 인기 있다.

코스 요리 하나하나 정성을 다해 설명하고 미소로 응대하는 스태프들로 인해 더욱 기분 좋은 저녁 시간을 보낼 수 있는 곳이다. 외국인 손님을 위한 영어 설명도 준비되어 있다.

- 시버스 카와라마치산조(河原町三条) 정류장에서 도보 5분 또는 지하철 쿄토시야쿠쇼마에(京都市役所前)역에서 도보 3분
- 京都市中京区河原町通御池下ル一筋目東入ル3軒目
- 런치 11:30~14:00, 디너 17:30~23:00 / 월요일 휴무
- +81-50-5869-9458(예약 전용)
- r.gnavi.co.jp/k458500/

류노히게 코스 메뉴 (10월)

① 다양한 재료로 가을의 계절감을 가득 담은 전채 요리 핫슨(八寸).

② 할로윈 시즌을 위한 특별 샐러드, 호박 무스, 흑돼지 리예트(Rillettes), 자색 고구마 카스테라의 3단 구성.

③ 당일 신선한 재료를 사용하는 생선요리 오츠쿠리(お造里), 광어와 참치를 그릇의 무늬와 어우러진 플레이팅으로 선보였다.

④ 포르치니 버섯 소스를 곁들인 꽁치 유안야키(幽庵焼き).

⑤ 메인 요리는 계절 채소와 부시리 찜, 카타이피(kataifi)말이 새우튀김. 특히 새우는 세계 최고 품질을 취득한 천사의 새우(天使の海老)를 사용했다.

⑥ 국물 요리인 오리 지부니(治部煮).

⑦ 쿠로게와규(흑우) 스테이크, 미디엄레어로 구워져 고기 본연의 맛을 느낄 수 있다.

⑧ 코스의 엔딩을 장식하는 가마솥밥. 여러 가지 계절 재료 중 선택할 수 있다. 사진은 우지(宇治) 녹차 풍미의 연어와 연어알 가마솥밥.

⑨ 마지막 디저트는 가을 밤을 사용한 몽블랑.

3 Days in Kyoto

교토의 오래된 흔적들

COLUMN

오랜 세월 사람들의 사랑을 받으며 많은 이들의 발길이 닿았던 도시답게 교토에는 오랜 역사의 흔적들이 많이 남아있다. 무심히 지나치기 쉬운 그 흔적들을 쫓다 보면 교토를 조금 더 깊이 이해할 수 있다.

오래된 전통 민가, 마치야

교토의 거리를 걷다 보면 낡고 오래돼 보이는 목조 건물을 자주 만날 수 있다. 이것은 교토의 민가인 마치야(町家)다. 마치야는 교토의 전통적 주택건축으로, 입구는 좁지만, 안쪽으로 들어서면 생각보다 넓고 깊은 공간이 나온다. 이런 특징으로 인해 '장어의 침실(うなぎの寝床)'이라고 불리기도 한다. 상점과 주거 기능을 동시에 했던 건물이 많으며, 방의 배치에 따라 기능을 달리 하고, 채광이나 통풍을 고려해 외부 격자창과 정원을 설치하는 등의 유동적인 형태를 보여준다.

교토 사람들은 이런 오래된 마치야를 그저 내버려두지 않고 적극적으로 활용하고 사용한다. 그래서 교토에서 방문하는 카페나 잡화점, 음식점 중에는 80~100년 이상 된 마치야를 옛 모습 그대로 간직하면서도 현대적으로 개조하여 운영하는 곳이 많다. 100년 이상 된 건물들이 아직도 단정하고 깔끔하게 잘 관리되고 있는 것은 먼지가 쌓일 틈 없이 매일 쓸고 닦으며 유지해나가는, 전통 가옥에 대한 교토 사람들의 애정 때문이 아닐까.

독특한 교토의 주소

보통 한자로만 이루어진 일본의 주소들과 다르게 교토의 주소에서는 '上ル'나 '下ル'같은 표기를 볼 수 있다. 이것은 교토가 헤이안쿄로 불리던 시절의 명칭이 아직 남아있는 것이다. 교토는 중국 당나라의 도읍이었던 장안(長安)을 모델로 건설한 계획도시기 때문에 지금도 교토 시가지는 흡사 바둑판처럼 가로·세로가 반듯하다. 그래서 상하좌우로의 이동으로 위치를 표시할 수 있다. 교토에서는 북쪽으로 가는 것을 '上ル(のぼる)', 남쪽으로 가는 것을 '下ル(くだる)'라고 말하며 주소에 사용되고 있다. 예를 들어 '四条河原町下ル'의 경우, '四条河原町(시조카와라마치)' 교차점에서 남쪽으로 향한 곳을 의미한다. 같은 방식으로 '東入ル(ひがしいる)'는 동쪽으로, '西入ル(にしいる)'는 서쪽으로 가라는 것을 의미한다.

교토의 세계유산

유네스코 세계유산은 인류의 역사 속에서 이어져 내려오는 과거로부터의 재산으로, 국경을 초월해 인류 전체를 위해 보호하고 공유하여 다음 세대에 남겨줘야 할 '보물'이라고 할 수 있다. 세계유산은 문화유산, 자연유산, 복합유산으로 분류되어 등재되는데, 교토의 문화재는 문화유산으로 분류되어 '고도 교토의 문화재(Historic Monuments of Ancient Kyoto)'라는 명칭으로 1994년 등재되었다. 그 속에 포함되는 등록유산은 교토 문화재 17곳으로 사찰, 신사, 성으로 구성되어 있다.

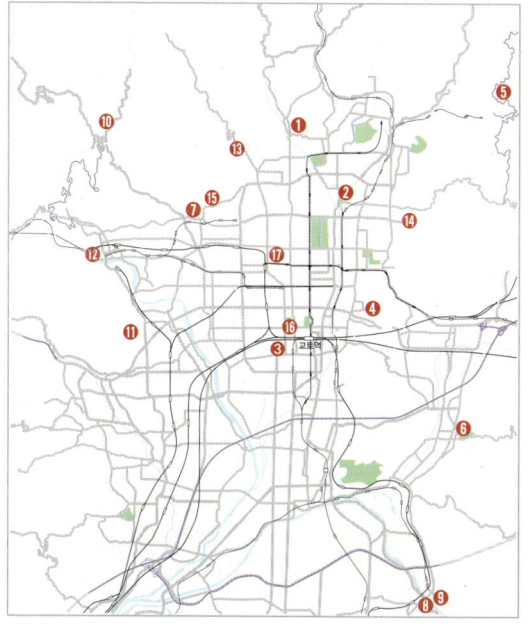

① 카미가모진자 上賀茂神社
② 시모가모진자 下鴨神社
③ 토지 東寺
④ 키요미즈데라 清水寺
⑤ 엔랴쿠지 延暦寺
⑥ 다이고지 醍醐寺
⑦ 닌나지 仁和寺
⑧ 보도인 平等院
⑨ 우지가미진자 宇治上神社
⑩ 코잔지 高山寺
⑪ 사이호지 西芳寺
⑫ 텐류지 天龍寺
⑬ 킨카쿠지 金閣寺
⑭ 긴카쿠지 銀閣寺
⑮ 료안지 龍安寺
⑯ 니시혼간지 西本願寺
⑰ 니조조 二条城

TIP

교토 세계유산 투어 버스 K'LOOP

복잡한 노선버스 이용의 불편함을 고려하여 세계유산과 주요 관광지를 편하게 돌아볼 수 있는 세계유산 투어 버스 K'LOOP가 2013년부터 운행 중이다. 교토 시내에 있는 7개의 세계유산을 비롯해 미술관, 박물관, 쇼핑가 등을 모두 들러볼 수 있다. 차 내에서 한국어 해설도 들을 수 있으며 1일 무제한 탑승이 가능하다. 요금은 성인 2500엔, 어린이 1500엔.

- 토·일요일·공휴일(12/26~1/4 휴무)
- www.kyoto-lab.jp/mk_k_whtb/index.html

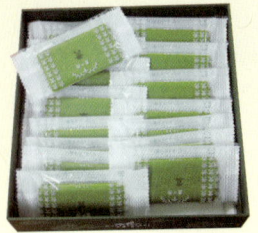

차노카(茶の菓) 20개 세트.
마르블랑슈 2181엔

벚꽃과 매화 나뭇가지 모양의
젓가락 받침. 모리토키칸 각 500엔

Special
교토에서 온 선물 I

시치미맛과 유자맛 Calbee 감자칩이
2봉씩 들어있는 시치미야 한정 감자칩.
시치미야(七味家) 540엔

차노카와 쿄샤브레가
다양하게 들어있는 쿄패키지.
마르블랑슈 1180엔

유자를 사용한 요지야 기름종이.
요지야 숍 긴카쿠지점
5개(1개 20장) 세트 1780엔

후시미이나리타이샤(좌)와 긴카쿠지(우) 책갈피.
기념품 상점 각 450엔

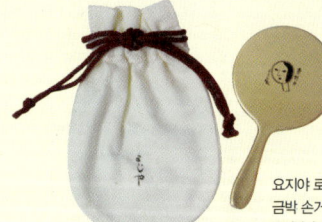

요지야 로고가 그려진
금박 손거울과 주머니 세트.
요지야 숍 긴카쿠지점 910엔

DAY 2

더 깊숙이 느끼는 교토

교토 최고의 풍경과 현지인의 공간들.
더 깊숙하게 교토의 자연과 일상 엿보기.

8:00

레트로 커피숍에서 시작하는
교토의 아침

2일째 아침은 교토 커피숍의 아침 메뉴로 시작해보자. 1926~1989년 쇼와 시대의 레트로한 분위기를 간직하고 있는 토종 커피숍에서 교토의 아침을 만끽할 수 있다.

75년 역사의 교토 토종 커피숍

이노다 커피 イノダコーヒ

1940년 원두 도매상으로 시작해, 1947년에 커피숍을 개업한 이후 교토에 커피 문화를 보급하고 발전시킨 유명 커피숍 이노다 커피의 본점. 모카커피를 베이스로 하여 향과 밀도, 산미를 절묘한 조합으로 완성한 오리지널 블렌드 커피 아라비아노신쥬(アラビアの真珠, 560엔)가 유명하다. 이곳의 커피는 기본적으로 우유와 설탕을 넣어 제공하는데, 손님들이 대화에 집중하다가 커피가 식으면 우유와 설탕이 잘 섞이지 않을 것을 배려한 것에서 시작되었다고 한다. 만약 블랙을 원한다면 주문 시에 미리 말해두자.

- 지하철 카라스마오이케(烏丸御池)역 5번 출구에서 도보 5분
- 京都市中京区堺町通三条下ル道祐町140
- 07:00~20:00
- +81-75-771-5725
- www.inoda-coffee.co.jp

DAY 2

① 가든석이 시원하게 내다보이는 본관 1층. 분위기는 좋지만 흡연석이라는 점!

② 날씨가 좋은 날에는 가든석에서 커피를 즐길 수 있다.

③ 본점은 오전 11시까지 제공하는 쿄노초쇼쿠(京の朝食, 1380엔)라는 아침 메뉴로도 유명하다. 이 메뉴를 시키면 주스, 샐러드, 스크램블 에그, 햄, 빵, 커피 또는 홍차가 제공된다.

④ 아침 메뉴 중 하나인 비엔나 세트(ウィンナーセット, 1320엔).

⑤ 커피잔의 고풍스러운 마크에 새겨진 '1940'이라는 숫자에서 자부심이 느껴진다.

⑥ 여러 가지 커피 관련 상품과 오리지널 상품을 판매하고 있다. 기념품으로 강력 추천!

> **TIP**
>
> 이곳에서도 만날 수 있어요!
> 이노다 커피 키요미즈점
>
> 키요미즈데라 산넨자카 중간에 위치한 이노다 커피 키요미즈(清水) 지점. 전통과 현대가 오묘하게 어우러진 카페에서 커피향만큼 진한 교토의 매력을 느낄 수 있다.
>
> 京都市東山区清水3-334
> 09:00~17:00
> +81-75-532-5700

3 Days in Kyoto 45

창업 80여 년, 교토 커피 역사의 증인

스마트 커피 スマート珈琲店

- 지하철 교토시야쿠쇼마에(京都市役所前)역에서 도보 3분, 테라마치 상점가 내
- 京都市中京区寺町通三条上ル天性寺前町537
- 08:00~19:00, 2층 런치 11:00~14:30 / 런치 화요일 휴무
- +81-75-231-6547
- www.smartcoffee.jp

1932년 '스마트 런치'라는 이름으로 창업. 이후 '스마트 커피'로 상호를 변경하여 영업하고 있다. 붉은 벽돌과 목재로 둘러싸인 내부, 뽀득뽀득 소리가 나는 가죽 소파 등에서 어딘지 모르게 그립고 따뜻한 분위기를 내뿜는 커피숍. 3대째 자가배전*(대형 커피 공장에서 볶은 커피를 조달하여 쓰지 않고, 생두의 특징을 파악하고 가게의 개성에 맞추어 최고의 맛과 향을 낼 수 있도록 직접 볶는 과정)으로 이어져 오고 있는 오리지널 블렌드 커피(珈琲, 500엔)에서는 부드럽고 깊은 맛이 느껴진다. 수제 시럽을 곁들여 먹는 프렌치토스트 세트(フレンチトーストSET, 1100엔)가 유명하며, 런치 타임(11:00~14:30)에는 2층에서 식사도 할 수 있다.

① 세월이 흔적이 느껴지는 따뜻한 분위기의 목재 인테리어.

② 40년여 년 전부터 사용하고 있는 오리지널 원두 틴케이스.

③ 부드럽고 달콤한 프렌치토스트는 아침 식사로도 손색없는 추천 메뉴.

④ 또 다른 인기 메뉴 핫케이크 세트(ホットケーキ SET, 1100엔).

⑤ 고소하고 부드러운 맛의 오리지널 블렌드 커피.

⑥ 한쪽에서는 직접 로스팅한 원두를 포장하고 있다.

3 Days in Kyoto 47

교토인에게 사랑받는 40년 전통의 커피

마에다 커피 前田珈琲

🚇 지하철 시조(四条)역 또는 한큐 카라스마(烏丸)역 22번 출구에서 도보 5분
📍 京都市中京区蛸薬師通烏丸西入ル橋弁慶町236
🕗 07:00~19:00
📞 +81-75-255-2588
🌐 www.maedacoffee.com

70, 80년 역사의 유명 커피숍이 성업하고 있는 교토에서는 비교적 젊은(?) 40년의 역사를 가지고 있는 마에다 커피. 1971년 창업 이후 교토인의 꾸준한 사랑을 받으며 쇼와 시대의 레트로한 감성을 현대적으로 잘 해석하며 지점을 늘리고 있다. 교토의 다른 토종 커피숍 브랜드와 마찬가지로 자가배전을 고집하고 있으며 커피뿐만 아니라 식사 메뉴와 디저트 메뉴에도 신경을 쓰고 있는 것이 느껴진다.

TIP
이곳에서도 만날 수 있어요!
마에다 커피 메이린점

본점과 멀지 않은 곳에 있는 교토 아트 센터 내에 위치한 메이린(明倫) 지점. 이곳은 1993년 폐교한 메이린 초등학교의 역사적 건물을 사용한 곳으로, 1층 교실에 마에다 커피가 입점해 있다.

📍 京都市中京区室町通蛸薬師下ル山伏山町546-2 京都芸術センター内1F
🕗 10:00~21:30 / 교토 아트 센터 휴관일 휴무
📞 +81-75-221-2224

① 오전 11시까지 제공하는 스페셜 모닝(スペシャルモーニング, 1020엔). 커피와 오렌지 주스가 함께 나온다.

② 스페셜 블렌드 커피 류노스케(龍之助, 400엔)

> COLUMN

교토의 토종 커피숍

한국의 경주와 비견되는 일본의 천년 고도 교토. 전통적이고 오래된 것들로 가득한 이 도시에 커피는 왠지 어울리지 않는다고 생각할지 모르지만, 교토에는 의외로 전국적으로 유명한 토종 커피숍이 많다. 그뿐만 아니라 커피 시장의 새로운 물결에도 빠르게 반응하고 움직이는 트렌디한 커피 문화의 도시라고 할 수 있다.

쇼와 레트로의 정취를 담은 지역 커피숍

일본에서 쇼와 시대는 1920년 말~1980년 말을 지칭하는 것으로, 이 시기는 일본의 경제부흥기이자 서양의 문화가 유입되고 전파되던 시기라고 할 수 있다. 그리고 이 쇼와 시대의 향수를 불러일으키는 복고풍 스타일을 '쇼와 레트로'라고 말한다.

교토의 토종 커피숍들도 창업 당시인 쇼와 시대 초기부터 사랑받던 곳들이며, 그 시절의 복고풍 분위기와 스타일을 그대로 간직한 '쇼와 레트로'로 인기를 얻고 있다. 앞서 소개한 이노다 · 스마트 · 마에다 커피 외에도 킷사 소와레(喫茶ソワレ), 프랑소와 킷사시츠(フランソワ喫茶室), 초라쿠칸 카페(長楽館カフェ) 등이 쇼와 레트로 커피숍으로 사랑받고 있다.

기온~카와라마치 지역에 커피숍이 많은 이유

쇼와 초기, 일본의 커피 문화가 번영기를 맞이하며 교토에도 많은 커피숍이 생겨나기 시작했다. 교토는 문화 · 학술 도시로써 명문 대학과 학생들이 유독 많은 곳인데, 당시 커피 문화를 선도하던 이들 역시 엘리트 집단이었던 대학의 교수와 학생들이었다. 교토 명문 대학의 학생과 교수들이 생각과 문화를 공유하는 장소로 커피숍을 애용하였고 당시에도 번화가였던 기온~카와라마치 지역에 다수의 커피숍이 위치하게 된 것이다. 그리고 지금도 그 시대의 스타일을 유지하고 있는 유명 커피숍들이 여전히 그 자리에서 교토인의 사랑을 받으며 그 맥을 이어오고 있다.

교토 최고의 절경, 아라시야마 산책

교토 시가지 서쪽에 자리한 아라시야마는 교토 최고의 명승지로, 벚꽃과 단풍의 계절에는 그 아름다운 자연의 변화를 보기 위해 전국에서 관광객이 모여드는 곳이다.

DAY 2

사계절 아름다운 풍경을 만들어내는 궁극의 실루엣

토게츠쿄 渡月橋

아라시야마의 상징이라고 할 수 있는 155m의 아름다운 목조 다리. 카메야마(亀山) 일왕이 달이 떠 있는 다리의 풍경을 보며 '달이 다리를 건너는 것 같다'고 극찬하여 토게츠쿄(渡月橋, 달이 건너는 다리)라 이름 붙였다고 한다.
다리 위에 서면 아라시야마의 아름다운 자연이 눈앞에 펼쳐진다. 하지만 가장 아라시야마다운 모습은 멀리서 토게츠쿄와 그 아래를 흐르는 강, 계절에 따라 모습을 달리하는 산세를 한눈에 담는 것이다.

📍 란덴 아라시야마역에서 도보 3분 또는
　한큐 아라시야마역에서 도보 7분
📞 +81-75-861-0012

아라시야마의 풍경을 집약한 아름다운 정원의 사찰

텐류지 天龍寺

- 란덴 아라시야마역에서 도보 3분 또는
  시버스 텐류지마에(嵐山天龍寺前) 정류장 바로 앞
- 京都市右京区嵯峨天龍寺芒ノ馬場町68
- 08:30~17:30(10/21~3/20은 17:00까지)
- +81-75-881-1235
- www.tenryuji.com

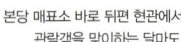
본당 매표소 바로 뒤편 현관에서
관람객을 맞이하는 달마도.

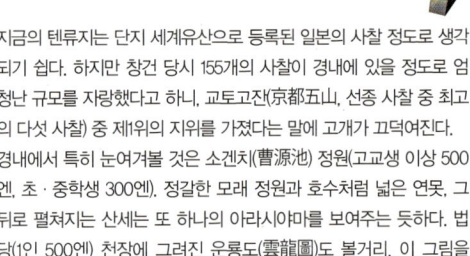

정원 매표소는 본당 입구를 마주보았을 때 왼쪽에 있다.

지금의 텐류지는 단지 세계유산으로 등록된 일본의 사찰 정도로 생각되기 쉽다. 하지만 창건 당시 155개의 사찰이 경내에 있을 정도로 엄청난 규모를 자랑했다고 하니, 교토고잔(京都五山, 선종 사찰 중 최고의 다섯 사찰) 중 제1위의 지위를 가졌다는 말에 고개가 끄덕여진다.
경내에서 특히 눈여겨볼 것은 소겐치(曹源池) 정원(고교생 이상 500엔, 초·중학생 300엔). 정갈한 모래 정원과 호수처럼 넓은 연못, 그 뒤로 펼쳐지는 산세는 또 하나의 아라시야마를 보여주는 듯하다. 법당(1인 500엔) 천장에 그려진 운룡도(雲龍圖)도 볼거리. 이 그림을 그릴 때 사용한 초대형 벼루는 치쿠린과 이어지는 북문 쪽에서 볼 수 있다.

방장 건물 안에서 정원을 관람하고 싶다면
본당으로 입장해야 한다.

정원 안의 산책로를 따라 조성된 작은 이끼 정원들과
꽃나무들이 멋스럽다.

아라시야마의 풍경을 집약해
놓았다고 일컬어지는 소겐치
정원의 모습. 계절에 따라 변화
하는 모습이 언제나 아름답다.

3 Days in Kyoto 53

대나무 터널 속 힐링 로드

치쿠린 竹林

📍 텐류지 북문에서 바로 또는
란덴 아라시야마역에서 도보 7분

아라시야마를 대표하는 풍경 중 하나인 울창한 대나무 숲 치쿠린. 아라시야마를 방문한 사람이라면 누구나 이 길을 거닌다. 하늘을 향해 곧게 뻗어 있는 댓잎 사이로 반짝이는 햇살을 보며, 바람과 함께 사각거리는 대숲의 소리를 듣고 있노라면 이게 바로 힐링이구나 싶은 생각이 든다. 성수기에는 사람과 인력거, 택시 등이 쉴 틈 없이 드나들기 때문에 번잡할 수 있으니 오전 시간에 방문하는 것이 더 좋다.

DAY 2

껍질을 벗기지 않은 상수리 나무를 그대로 사용한 토리이(鳥居)는 일본 고대 건축양식을 그대로 보여준다.

소원을 이루어주는 영험한 신사
노노미야진자 野宮神社

📍 란덴 아라시야마역에서 도보 5분 또는
시버스 노노미야(野の宮) 정류장에서 도보 3분
🏠 京都市右京区嵯峨野宮町1
🕘 09:00~17:00
📞 +81-75-871-1972
🌐 www.nonomiya.com

텐류지 북문과 만나는 대숲 치쿠린을 따라 거닐다 보면 고즈넉한 분위기의 작은 신사가 나온다. 이곳은 일본에서 가장 오래된 소설인 〈겐지모노가타리 源氏物語〉에 등장할 정도로 유서 깊은 노노미야진자다. 사랑을 이루어주는 신사이자 산모의 순산, 학업 성취, 재물을 기원하는 신사로 항상 많은 방문객이 찾는다. 특히 문지르면서 간절히 기도하면 1년 이내에 소원이 이루어진다는 카메이시(亀石)라는 바위가 유명하다.

소원을 이루어주는 카메이시는 사람들의 손길로 표면이 반질반질.

신사 안쪽에는 작은 이끼 정원 노노미야주탄코케(野宮じゅうたん苔)가 있다.

12:00

아름다운 풍경을 보며 먹는 점심 식사

교토 최고의 절경을 바라보며
식사하는 것은
이곳에서 누릴 수 있는 작은 사치.
멋진 풍경과 맛있는 음식으로
더욱 배부른 식사를 해보자.

아름다운 풍경과 함께 먹는 맛있는 수타 소바

아라시야마 요시무라 嵐山よしむら

일본 국내산 메밀을 맷돌로 정성스럽게 갈아 매일 장인의 손으로 완성하는 수타 소바로 유명한 요시무라의 본점. 실내 힌쪽 면을 치지히는 카운터서 창가에서 토게츠쿄가 시원하게 내다보이는 것으로도 유명하다. 정성을 다해 고집스럽게 만드는 소바 면에서 진한 메밀의 향과 쫄깃한 식감을 느낄 수 있다. 산나물이나 마즙을 넣은 소바와 자루 소바, 튀김 덮밥이 함께 나오는 토게츠젠(渡月膳, 1880엔)은 최고 인기 메뉴. 조금 푸짐하게 먹고 싶다면 일본의 깻잎이라고 불릴 정도로 독특한 향을 가진 시소(紫蘇)가 얹어진 밥이 함께 나오는 텐자루젠 (天ざる膳, 2180엔)을 추천한다. 한국어 메뉴판이 있으니 필요하다면 주문할 때도 요청하면 된다.

- 란덴 아라시야마역에서 도보 3분 또는 시버스 아라시야마 정류장 바로 앞
- 京都市右京区嵐山渡月橋北詰西二軒目
- 11:00~17:00(성수기 10:30~18:00)
- +81-75-863-5700
- www.arashiyama-yoshimura.com/soba/

① 아라시야마 요시무라는 메이지 시대의 화가 카와무라 만슈(川村曼舟)의 저택을 개조하여 사용하고 있다.

② 다양하게 먹고 싶다면 토게츠젠을 주문하자.

③ 요시무라가 사용하는 2층 구조의 본채 외에도 안쪽에 두부 요리 전문점 마츠가에(松ヶ枝)를 운영하고 있다.

④ 안쪽 깊숙이 일본 전통 천과 문양을 사용한 잡화를 판매하는 누노아소비 요시무라(布遊びよしむら)도 있다.

TIP

이곳에서도 만날 수 있어요! 요시무라 키요미즈안

키요미즈데라 앞에 있는 90년 이상 된 마치야를 개조한 건물에 본점의 상징인 커다란 창을 그대로 옮겨왔다. 중후한 건물 속 넓은 공간에서 본점과는 또 다른 매력이 느껴진다.

- 京都市東山区清水2-208-9
- 11:00〜17:00(성수기 10:30〜18:00)
- +81-75-533-1212

3 Days in Kyoto 57

🕐 13:00

아라시야마에서 맛볼 수 있는 특별한 디저트

담백한 식사 후에 만나는 달달한 디저트! 아라시야마의 인기 전통 디저트 가게에 가보자.

아름다운 정원과 다실이 있는 유명 화과자점

오이마츠 老松

- 란덴 아라시야마역에서 도보 5분
- 京都市右京区嵯峨天龍寺芒ノ馬場町20
- 09:00~16:30
- +81-75-881-9033
- oimatu.co.jp

교토 굴지의 화과자 전문점으로 키타노텐만구 근처에 본점이 있지만, 관광객들이 자주 찾는 아라시야마점의 인기가 높다. 이곳은 안쪽에 고즈넉한 다실이 자리하고 있다. 다실 한쪽에 계절감이 가득한 아기자기한 정원은 잠시 쉬어가는 손님을 위한 작은 배려인 듯하다. 이곳의 대표 메뉴는 엄선한 큐슈산 고사리 전분으로 만든 혼와라비모치(本わらび餅, 1296엔)와 일본의 토종 나츠미칸(여름밀감)을 한천으로 응고시킨 나츠칸토(夏柑糖, 756엔)다. 그 외에도 계절에 따라 그 시기에만 얻을 수 있는 재료로 다양한 화과자를 판매하니 아라시야마를 산책하며 하나씩 먹어보는 것도 교토의 계절을 즐기는 하나의 방법이다.

혼와라비모치는 전통 찬합에 담겨 나온다. 맨 위 칸에는 콩가루,
두 번째 칸에는 얼음물에 담긴 와라비모치가 들어있다.
시중의 와라비모치보다 훨씬 더 부드럽고 몽글몽글한 식감이라
호불호가 있을 수 있다.

와라비모치를 건져 콩가루에
돌돌 굴린 후 흑설탕 시럽을
찍어 먹는다.

봄에는 사쿠라모치(벚꽃떡),
여름에는 나츠칸토,
가을·겨울에는 유자나 밤을 사용한
만주를 맛볼 수 있다.

3 Days in Kyoto 59

14:00

란덴역 근처에서
아라시야마 쇼핑

시내로 돌아가는 길은 란덴(嵐電)이라고 불리는 작은 전차를 타는 것을 추천! 란덴역 근처에는 쇼핑하기 좋은 스폿이 모여 있다.

쇼류엔 바로 건너편에 란덴 아라시야마역이 있다.
역 안에도 여러 상점이 있으니 천천히 살펴볼 것!

먹고, 사고, 체험할 수 있는 복합시설
쇼류엔 昇龍苑

2014년 란덴 아라시야마역 앞에 등장한 새로운 관광 스폿. 말차 쿠키로 유명한 마르블랑슈를 비롯해, 교토 명물인 절인 채소 츠케모노(漬物)로 유명한 니시리(西利) 등 교토를 대표하는 16개의 상점이 입점해 있다. 각 점포의 대표 상품을 구매할 수 있는 것은 물론, 아라시야마에서만 판매하는 한정 제품도 있다. 또 이곳에서 판매하는 테이크아웃 먹거리를 맛볼 수 있는 것도 매력!

📍 란덴 아라시야마역 바로 앞
🏠 京都市右京区嵯峨天龍寺門前
🕐 10:00~17:00
📞 +81-75-873-8180
🌐 www.syoryuen.jp

DAY 2

1층은 테이크아웃 음식과 교토 대표 명물을 취급하는 상점, 2층에는 전통 공예품을 취급하는 상점과 체험할 수 있는 공방이 모여 있다.

3 Days in Kyoto 61

Special
쇼류엔 추천 먹거리

쇼류엔의 먹는 즐거움도 빼놓을 수 없는 매력! 이곳에 먹거리를 취급하는 상점들은 테이크아웃해서 바로 먹을 수 있는 다양한 메뉴를 판매하고 있어서 아라시야마 산책 중에 잠시 들러 군것질하기에도 좋다. 특히 아라시야마 지점에서만 맛볼 수 있는 한정 상품을 판매하고 있으니 다른 곳에서는 볼 수 없는 '한정' 상품을 좋아한다면 꼭 체크 해 보자!

니시리 西利

한국의 밥상에서 김치가 빠지지 않는 것처럼 일본에서는 반찬으로 츠케모노(채소 절임)가 빠지지 않고 등장한다. 특히 교토는 신선한 채소로 유명하기 때문에 교토의 채소로 담근 츠케모노는 '쿄츠케모노(京漬物)'라고 부르며 지역 명물로 사랑받고 있다. 니시리는 쿄츠케모노로 유명한 상점 중 하나로, 아라시야마 쇼류엔점에서는 다양한 대표 상품을 구매할 수 있다. 점포 안에는 좌석도 마련되어 있어 니시리의 츠케모노로 만든 츠케모노 스시를 구매하여 바로 맛볼 수 있다.

- 10:00~17:00
- +81-75-873-8181
- www.nishiri.co.jp

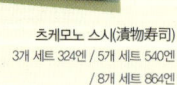

짜지 않다. 든든하고 건강한 맛!

츠케모노 스시 (漬物寿司)
3개 세트 324엔 / 5개 세트 540엔 / 8개 세트 864엔

마르블랑슈 MALEBRANCHE

말차 쿠키 사이에 화이트 초콜릿이 들어간 차노카(茶の菓)로 유명한 과자 전문점. 이곳 쇼류엔 지점에서는 아라시야마 한정 틴케이스에 들어있는 차노카 세트를 판매한다. 특히 이곳에서만 맛볼 수 있는 차차보(茶茶棒)는 오전에 품절이 돼버리는 인기 상품! 차차보는 시원한 녹차 아이스크림이 올라간 에클레어로, 아래 슈는 쿠키 식감이다.

- 10:00~17:00
- +81-75-862-5656
- www.malebranche.co.jp

녹차 아이스크림이 올라간 에클래어!

차차보(茶茶棒)
1개 360엔

아라시야마 한정 차노카 세트.

혼케 니시오 야츠하시 本家西尾八ッ橋

교토 명물 중 하나인 전통 간식 야츠하시로 유명한 니시오. 유명한 관광지 앞에서는 항상 니시오의 분홍색 간판을 볼 수 있다. 야츠하시는 쌀가루와 설탕, 계피 등으로 만든 얇은 피에 팥고물이 들어가 있는 형태. 쇼류엔 지점에서는 전통 야츠하시는 물론 야츠하시 크레페와 한정 메뉴인 아라시야마 수제트(Suzette)를 판매한다. 달달하면서도 든든해서 식사대용 디저트로도 좋다.

- 10:00~17:00
- +81-75-863-1689
- www.8284.co.jp

부드러운 크레페와 아이스크림, 팥의 조화!

아라시야마 수제트(嵐山シュゼット)
1접시 500엔

전통 직물로 만든 귀여운 인형의 공간
치리멘 세공관 ちりめん細工館

- 란덴 아라시야마역 바로 옆
- 京都市右京区嵯峨天龍寺造路町19-2
- 10:00~18:00
- +81-75-862-6332
- www.chirimenzaikukan.com

치리멘은 기모노에 사용되는 전통 직물 중의 하나로 비단의 씨실을 세게 꼬아서 디운물에 넣이 오그리들게 히는 기법으로 만들어져 표면이 쪼글쪼글하면서도 부드럽다. 치리멘 세공관에서는 치리멘으로 만든 인형과 다양한 소품, 장식품 등의 잡화를 판매한다. 특히 아라시야마가 본점이기 때문에 종류가 다양하다.

입구에서부터 반겨주는 앙증맞은 인형과 모빌에 이끌려 가게에 들어서면 하나같이 작고 귀여운 인형과 장식품 구경에 시간 가는 줄 모르게 된다. 작고 가벼워 여러 개를 구매해도 부담 없으니 기념품이나 선물로 안성맞춤이다. 자매점인 키레노하나(きれのはな)와 하나비라히토츠(ハナビラヒトツ)에서도 비슷한 상품을 구매할 수 있다.

DAY 2

추천하고 싶은 상품은 엄지손가락 정도 크기의 작은 오뚝이 인형 (起き上がり小法師). 1개 구매 시 540엔, 3개 구매 시 1300엔이라 여러 개 사기에 좋다. 다양한 시리즈가 있어서 고르는 재미도 있다.

3 Days in Kyoto 65

시장에서 현지인의
식탁 엿보기

한 도시의 진짜 속살을 보려면
시장에 가보면 된다는 말이 있다.
살아 숨 쉬는 교토의 현재와 현지인의
식탁을 고스란히 느낄 수 있는
교토의 대표 시장에 가보자.

볼거리, 먹을거리 가득한 인심 좋은 골목길

니시키 시장 錦市場

- 지하철 시조(四条)역 2번 출구에서 도보 5분
  또는 시버스 시조가와라마치(四条河原町) 정류장에서 도보 3분
- 京都市中京区錦小路通青町~高倉間
- 09:00~18:00 (가게마다 다름)
- +81-75-211-3882
- www.kyoto-nishiki.or.jp

약 390m에 이르는 아케이드 골목에 130여 개의 점포가 이어져 있는 니시키 시장은 400년의 전통을 자랑하는 교토의 전통 시장이다. '교토의 부엌'이라고 불릴 만큼 교토 시민과 주변 상점들의 식재료를 담당하고 있다. 언제나 현지인과 관광객들이 뒤섞여 혼잡한 시장이지만 그만큼 사람 사는 냄새가 물씬 나는 활기찬 교토를 만날 수 있다. 다양한 음식 재료는 물론 간단하게 사 먹을 수 있는 주전부리도 많아서 먹고 구경 하다 보면 나도 모르게 시간이 훌쩍 지나고 배도 불러진다.

> **TIP**
> 오후 5~6시에 문을 닫는 상점이 많고 수요일에 휴무인 상점이 많으니 일정을 잘 고려해서 방문하는 것이 좋다.

Special
니시키 시장 먹거리 투어

교토의 식자재를 담당하는 곳답게 니시키 시장에는 명물 먹거리가 넘쳐난다. 맛있는 냄새에 이끌려 주전부리를 사서 걷다 보면 또 다른 먹거리가 나타나고 곧이어 또 먹어보고 싶은 음식이 눈 앞에 보인다. 열 걸음에 하나씩 새로운 것을 먹으며 걷게 되는 먹방의 성지, 니시키 시장의 추천 먹거리를 소개한다.

콘나몬자 こんなもんじゃ

교토 두부와 채소 전문점. 두유를 사용한 건강한 맛의 두유 도넛으로 유명하다. 오리지널 도넛은 종이봉투에 담아주지만, 시럽을 얹은 도넛은 작은 그릇에 담아주기 때문에 들고 먹기 좋다. 가게 안과 밖에 앉을 수 있는 공간이 작게 있어 먹고 갈 수도 있다.

오리지널 두유 도넛
豆乳ドーナツ 10개 300엔

시럽을 얹은 두유 도넛 6개 300엔
(흑설탕 시럽 & 콩가루, 초콜릿, 카라멜 중 택 1)

센교 키무라 鮮魚木村

다양한 수산물을 파는 상점. 특이하게도 생선회를 꼬치로 만들어 판매한다. 먹고 싶은 것을 골라 일회용 접시에 담으면 향긋한 레몬즙을 뿌려준다. 센스 있는 한글명 표시도 있다.

회꼬치 串刺し 각 200엔

마루츠네 카마보코텐 丸常蒲鉾店

일본식 어묵인 카마보코 전문점. 여러 가지 재료를 조합한 창작 튀김 간식으로 최근 가장 인기 있는 곳이다. 다양한 튀김 중 인기 메뉴는 감자와 버터를 넣은 어묵으로 만든 자가버터텐.

자가버터텐 じゃがバター天
290엔

니시키텐만구 錦天満宮
테라마치도리 寺町通
토미노코지도리 富小路通
타나카 케란 田中鶏卵
니시키 모치츠키야 錦もちつき屋
마루츠네 카마보코텐 丸常蒲鉾店
이케즈루 카지츠 池鶴果実
야나기바바도리 柳馬場通
센교 키무라 鮮魚木村
사카이마치도리 堺町通
콘나몬쟈 こんなもんじゃ
입구
타카쿠라도리 高倉通

이케즈루 카지츠 池鶴果実

신선한 과일가게로 전국에서 엄선한 고품질 과일을 취급한다. 원하는 과일을 고르면 그 자리에서 생과일주스를 만들어준다. 제철 과일로 만든 생과일주스가 꿀맛!

생과일 오리지널 블렌드
オリジナルブレンド 360〜410엔

니시키 모치츠키야 錦もちつき屋

떡 전문점으로 직접 만든 다양한 종류의 떡을 판매한다. 간편하게 들고 먹을 수 있는 귀여운 컵에 담긴 와라비모치가 인기.

컵 와라비모치 カップわらび餅
190엔

타나카 케란 田中鶏卵

계란 전문점으로 엄선한 다시마와 가츠오부시로 우려낸 일본식 밑국물 다시를 사용한 짭짤한 계란말이인 다시마키로 유명하다. 다시마키 꼬치는 10:30〜16:00까지만 판매한다.

쿄다시마키(꼬치)
京だし巻き(串) 120엔
쿄다시마키(소)
京だし巻き(小) 360엔

17:00

마치야에서 즐기는 **창작 요리**

100년 가까이 된 옛 공간에서 독창성 가득한 새로운 음식을 먹는 묘한 즐거움을 느껴보자.

오래된 공간에서 즐기는 새로운 맛

omo 카페 omo cafe

- 지하철 시조(四条)역에서 도보 15분
- 京都市中京区錦小路通麩屋町上ル梅屋町499
- 11:00~22:30(L_O 21:30)
- +81-75-221-7500
- www.secondhouse.co.jp/omoya2_cafe-top.html

약 40여 년 동안 교토를 중심으로 레스토랑 사업을 전개하고 있는 프랜차이즈에서 운영하는 카페. 그래서인지 교토풍 디저트와 함께 창작 요리를 주메뉴로 하고 있다. 2층 구조의 오래된 마치야 건물 내부로 들어가면 특유의 중후함을 유지하면서도 모던하게 개조한 깔끔한 실내가 나온다.

추천 메뉴인 고항플레이트(ごはんプレート, 1550엔)는 채소와 생선, 육류를 균형 있게 사용해 독창적으로 만든 6개의 반찬을 올린 접시에 밥과 미소시루(일본 된장국)가 나온다. 하루의 산책을 마치고 먹으면 몸도 마음도 충전되는 느낌!

70

커피 메뉴도 예스러운 전통 그릇에 담겨 나와 독특한 느낌이다.

① 셰프가 요리하는 모습이 그대로 보이는 오픈 키친 앞에는 카운터석도 마련되어 있다.

② 마치아답게 안쪽 깊숙한 곳에도 공간이 있으며 안쪽에는 주로 아늑한 단체석이 있다.

옥수수와 베이컨이 들어간 식전 빵은 겉은 바삭하고 안쪽은 촉촉한 느낌.

다양한 반찬이 올라간 고향플레이트. 독창적으로 만들어진 음식들은 반찬보다는 요리에 가깝다.

3 Days in Kyoto 71

19:00

교토 최고의 번화가에서
쇼핑하기

야사카진자 앞에서 지하철 시조역으로 이어지는 시조도리(四条通り)는 교통의 요지이자 교토 최고의 번화가다. 전통의 기운이 가득한 기온과 세련된 카와라마치 거리에서 쇼핑을 즐겨보자.

DAY 2

교토의 밝고 화려한 색이 가득한 공간
카랑코롱 교토 カランコロン京都

📍 시버스 시조카와라마치(四条河原町) 정류장에서 도보 3분, 마루이 백화점 건너편
🏠 京都市下京区四条通小橋西入真町83-1
🕐 10:30~20:30
📞 +81-75-253-5535
🌐 kyoto-souvenir.co.jp/brand/karancolon/

옛 교토의 번잡한 거리에서 게타(일본 나막신)로 인해 나던 딸각거리는 소리를 표현한 '카랑코롱'. 그 소리에서 느껴지는 그리움의 정취를 담아 교토만의 밝고 귀여운 색감으로 만들어진 잡화를 판매하고 있다.
입구에 물림쇠가 달린 지갑이나 파우치 등을 가마구치(ガマ口)라고 하는데, 일본 근대화 시기에 서양으로부터 전해져 일본적인 형태로 변화를 거듭해, 현재는 전통 잡화로 인식되고 있다. 교토에는 이 가마구치 전문점이 많은데, 카랑코롱에서도 귀여운 패턴의 가마구치 잡화를 다양하게 만날 수 있다.

'교토 한정' 제품이 많아 여행을 기념할만한 상품이 많은 것이 장점.

3 Days in Kyoto

귀여운 자수가 놓인 손수건 제과점
항카치 베이커리 ハンカチベーカリー

- 시버스 시조카와라마치(四条河原町) 정류장에서 도보 3분. 마루이 백화점 건너편
- 京都市下京区四条通小橋西入真町91
- 10:30~20:00
- +81-75-201-8056
- kyoto-souvenir.co.jp/brand/hankachi_bakery/

교토 타워와 마이코, 칸사이 사투리 '오오키니(고맙습니다)' 말풍선이 그려진 귀여운 브로치(1500엔).

'손수건 제과점'이라니, 이렇게 귀여운 이름의 가게가! 라는 생각으로 들어서면 귀여운 자수가 놓인 손수건들에 한 번 더 반하게 된다. 매일 빵집에서 맛있는 빵을 고를 때의 두근거림과 행복한 기분처럼 손수건을 고르길 바라는 마음을 담았다는 항카치 베이커리.
예쁘고 단정한 패턴의 면 소재 손수건에는 한쪽 귀퉁이에 앙증맞은 자수가 들어가 있다. 여행 시리즈는 일본 각지의 특징을 살린 자수가 매력적이다. 물론 교토 한정 손수건도 있다.

DAY 2

교토를 가득 담은 쿠키와 잼
마이♥코토 mai♥coto

📍 케이한 기온시조(祇園四条)역 7번 출구에서 도보 2분 또는
   시버스 시조케이한마에(四条京阪前) 정류장에서 도보 3분
🏠 京都市東山区祇園町北側244
🕐 11:00~20:00 / 화요일 휴무
📞 +81-75-532-1050
🌐 maisendo.co.jp/maicoto.html

교토에서 만든 교토적인 쿠키와 잼 전문점. 핑크색이 가득한 인테리어와 귀여운 상품들이 눈길을 사로잡는다. 교토에서 나는 제철 채소, 과일, 꽃 등을 사용한 쿠키와 잼을 다양하게 판매하고 있다. 맛은 물론이고 토끼 모양, 하트 모양, 딸기 모양 쿠키 등 겉모양도 귀여운 제품이 많아 구경만 해도 즐겁다. 포장이 깔끔하고 예뻐서 선물용으로도 그만이다.

3 Days in Kyoto 75

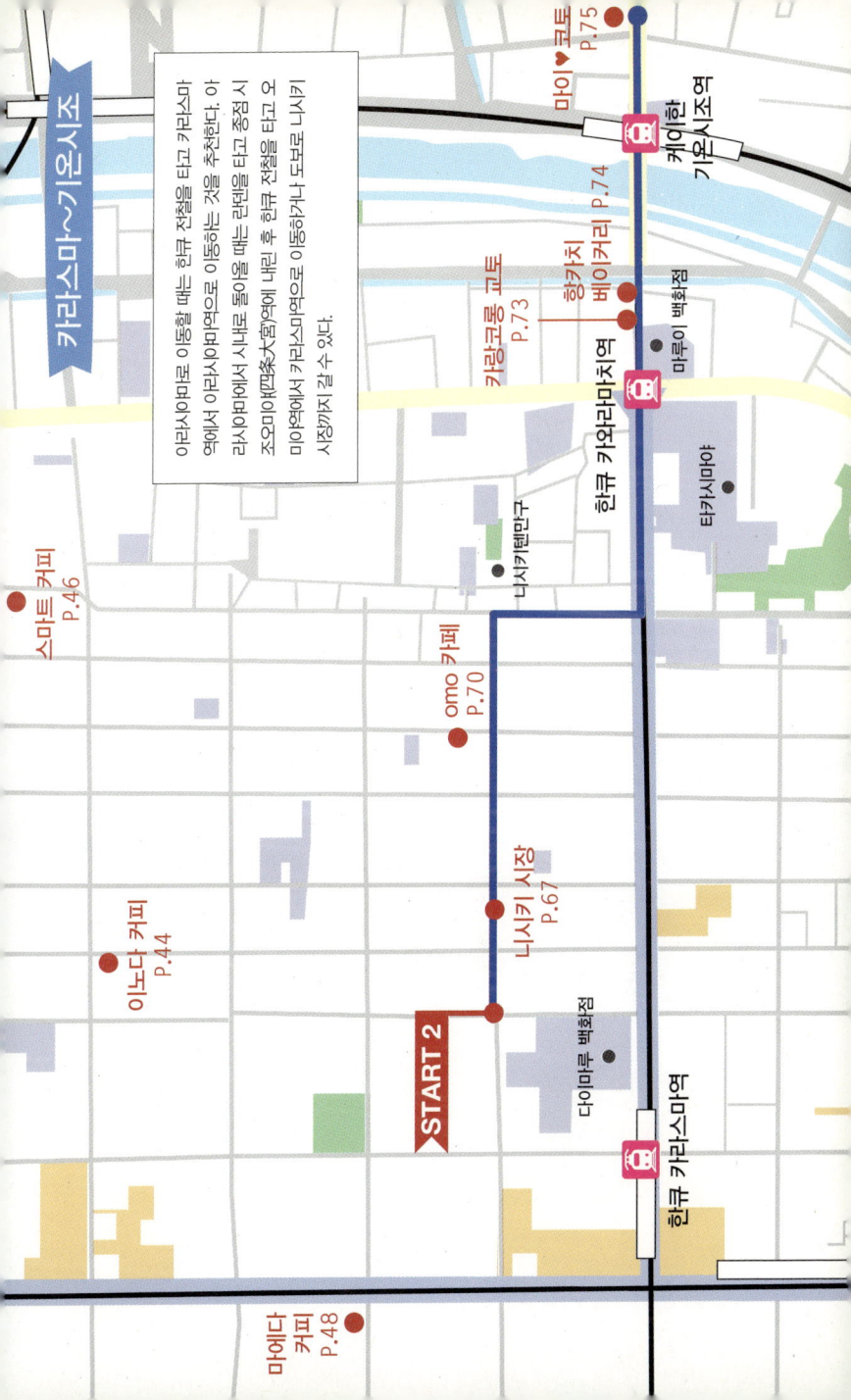

본점 한정 오리지널 세트. 드립 커피 3종,
티폿 로고 행주 1장, 컵받침 1개 포함.
이노다 커피 1200엔

이노다 커피의
빨간 티폿 로고가 그려진 유리잔.
이노다 커피 2개 세트 1510엔

오리지널 틴케이스에 넣은 원두.
스마트 커피 1900엔
오리지널 드립 커피.
스마트 커피 1봉 150엔

Special
교토에서 온 선물 II

교토타워와 사찰의 탑,
신사의 토리이(鳥居)가 그려진
교토 한정 가마구치 파우치.
카랑코롱 교토 2700엔

귀여운 오뚝이 인형(起き上がり小法師).
띠 시리즈의 토끼와 교토의 마이코,
일본 요고 갓파.
치리멘 세공관 3개 1300엔

아라시야마 한정 틴케이스에 담긴
차노카(茶の菓) 9개 세트.
마르블랑슈 1026엔

가을철 일본에서 자주 볼 수 있는 향기로운 꽃나무
금목서(きんもくせい) 꽃잎 잼. 하늘거리는 꽃잎이 들어있어
일본에서도 화제다. 약간 묽은 형태로 따뜻한 물에 넣어
꽃차로도 마실 수 있다. 마이♥코토 648엔

마이코의 뒷모습이 수놓아진 교토 한정 손수건.
항카치 베이커리 1000엔

8:00

카모가와를 따라
교토 북부로

교토를 남북으로 가로지르는 카모가와, 그 강을 따라 북쪽으로 향하면 작은 전차가 다니는 조용하고 귀여운 북부의 동네들이 나온다.

강을 따라 흐르는 교토 일상의 풍경

교토부립 카모가와공원 京都府立鴨川公園

교토 북부 여행의 시작은 카모가와의 줄기가 두 갈래로 갈라지는 곳을 기점으로 해보자. 그곳에는 교토부립 카모가와공원의 표식이 있다. 카모가와공원은 교토의 젖줄인 카모가와 둔치에 조성되어 있는 강변 공원으로, 강의 상류인 카미가모진자(上賀茂神社) 부근부터 남쪽으로 길게 뻗어 산조(三条)역 부근까지 이어진다. 계절에 따라 달라지는 풍경이 아름답고 다양한 철새도 만날 수 있다.
또 언제나 둔치를 따라 자전거를 타거나 조깅을 하는 사람들의 모습, 가족, 연인, 친구끼리 산책하거나 소풍을 나온 모습 등 여유로운 일상의 풍경을 볼 수 있다.

케이한 데마치야나기(出町柳)역에서 도보 2분 또는 시버스 카와라마치이마데가와(河原町今出川) 정류장에서 도보 2분
+81-774-24-1313

100년째 사랑받는 명물 콩떡
데마치후타바 出町ふたば

1899년에 창업하여 100년이 넘는 오랜 시간 동안 한결같이 교토 시민의 사랑을 듬뿍 받고 있는 명물 떡집. 그중에서도 콩떡 '마메모치(豆餅)'는 최고의 인기 상품이다. 가게 앞에는 언제나 마메모치를 구매하기 위한 행렬이 늘어서 있다. 하지만 점원들의 빠른 손놀림 덕분에 생각만큼 오래 기다리지 않아도 된다. 하나가 한 주먹 가득일 정도로 크기가 꽤 큰 마메모치는 씹는 맛이 일품인 고소한 붉은 완두콩이 알알이 박힌 쫄깃한 찰떡 속에 달지 않으면서도 떡의 맛을 살려주는 팥이 가득 들어있다. 하나만 먹어도 속이 든든해진다.

포장만 가능하다. 식어도 맛있지만, 구매 후 바로 먹으면 온기가 살짝 남아 있어 더욱 부드럽고 맛있다. 날씨가 좋다면 카모가와공원에서 강을 바라보며 먹는 것도 좋다.

- 케이한 데마치야나기역에서 도보 5분 또는 시버스 아오이바시니시즈메(葵橋西詰) 정류장, 카와라마치이마데가와(河原町今出川) 정류장에서 도보 2분
- 京都市上京区出町通今出川上ル青龍町236
- 08:30~17:30 / 화요일, 네 번째 수요일 휴무 (공휴일일 경우 다음날 휴무)
- +81-75-231-1658

교토 북부를 달리는 노면 전차들

도로 위에 놓인 레일을 전기 동력으로 달리는 노면 전차. 일본에서는 종종 여전히 운행하고 있는 오래된 노면 전차를 보게 된다. 교토 북부에서도 오랜 세월 동안 매일 열심히 달리고 있는 노면 전차를 탈 수 있다. 어딘가 노스텔지어를 느끼게하는 특유의 소음과 덜컹거림, 창밖의 풍경은 교토의 떠올리는 또 하나의 추억으로 남는다.

에이덴 叡山電車

교토 시내의 케이한 전철을 운영하기도 하는 케이한(京阪) 그룹에 소속된 에이잔 전철 주식회사에서 운영하는 노면 전차로, 에이잔 전차(叡山電車)를 줄여 에이덴이라고 부른다.

데마치야나기역에서 교토 북동부에 위치한 히에이잔(比叡山) 입구를 연결하는 에이잔 본선과 북부 깊숙한 산간 지역인 키부네(貴船), 쿠라마(鞍馬)까지 연결된 쿠라마 선까지 2개의 노선을 운행한다. 본선은 개통한 지 무려 90주년을 맞이했다.

히에이잔은 세계유산 중 하나인 엔랴쿠지(延暦寺)를 품고 있는 산이며, 쿠라마는 홍등이 아름다운 키부네진자(貴船神社)와 하이킹 코스로도 유명하다. 특히 쿠라마선은 단풍으로 유명한데, 가을이 되면 전차가 지나는 길이 단풍 터널처럼 물들어 전차를 타고 지나가는 것만으로도 아름다운 가을 풍경을 볼 수 있다. 그래서 쿠라마 노선에 한해 '키라라(きらら)'라고 하는 전망 열차를 운행한다.

※ 칸사이스루패스 이용 가능. IC 카드 이용 불가.

 eizandensha.co.jp

① 에이덴의 출발지인 데마치야나기역.
② 일반적으로 1량 전차를 운행하고 키라라에 한해 2량을 운행한다.
③ 전차만큼이나 작은 역과 노면 레일이 길게 뻗어있다.

란덴 嵐電

교토를 중심으로 교통·관광 사업을 전개하고 있는 케이후쿠(京福) 그룹에서 운영하는 노면 전차로 정식 명칭은 케이후쿠 전철이지만 아라시야마의 '嵐'을 사용해 란덴이라는 애칭으로 통용되고 있다. 1910년에 운행을 시작하여 100년이 넘은 역사를 자랑하고 있으며 여전히 교토 시민과 관광객의 사랑을 받으며 활발하게 운영되고 있다.

교토 시내의 시조오미야(四条大宮)역에서 아라시야마(嵐山)를 연결하는 아라시야마 본선과 북서부 명소인 묘신지(妙心寺), 료안지(龍安寺) 등을 연결하는 키타노 선을 운행하고 있으며, 특히 아라시야마 노선은 교토에서 가장 유용한 교통수단인 버스에 대적할 만한 편의성을 갖추고 있어 아라시야마를 방문하는 많은 사람이 란덴을 이용하고 있다. 아라시야마로 향하는 길은 특히 봄철 벚꽃 터널길이 유명하며 이 기간에는 벚꽃 열차를 운행하기도 한다.

※ 칸사이스루패스 이용 가능. IC 카드 이용 가능.

🌐 randen.keifuku.co.jp

① '힐링 란덴(癒しの嵐電)'이라고 쓰여 있는 시조오미야역 입구. 란덴을 타고 아라시야마로 힐링 여행을 떠나보자.
② '모보(モボ)'라는 이름의 귀여운 란덴 전차. 종류도 꽤 다양하다.

노면 전차는 원맨 차량으로 승무원 한 명이 모든 업무를 담당한다. 전차를 운전하고 표를 받고, 마지막 안전 확인까지!

하차 시에는 요금함이 있는 앞문으로 내리며, IC 카드를 태그하거나 승무원에게 표를 주거나 패스를 보여주면 된다.

란덴 아라시야마역에서 길게 뻗어 있는 노면 레일.

10:00

걷기 좋은 마을
이치조지 산책

에이덴을 타고 북쪽으로 조금만 이동하면 이치조지역이 있다. 아기자기하면서도 세련된 감각의 가게들이 골목 사이사이에 숨어있는 조용한 마을을 걸어보자.

교토에서 가장 아름다운 서점
케이분샤 惠文社

- 에이덴 이치조지(一乘寺)역에서 도보 3분
- 京都市左京区一乘寺払殿町10
- 10:00~21:00
- +81-75-711-5919
- www.keibunsha-store.com

작은 동네 이치조지를 주목받게 만드는데 일조한 서점. 영국 가디언지에서 선정한 세계 최고의 서점 10개(The world's 10 best bookshops) 중 아시아권에서는 유일하게 이름을 올린 곳이다. 이 서점의 특별한 점은 공간 속에서 느껴지는 '책'에 대한 관심과 애정. 그들은 스스로를 '책과 관련한 여러 가지 상품을 취급하는 편집숍'이라고 말한다.

건물 내부에는 서점 '케이분샤'를 중심으로 서쪽에는 생활 서적과 잡화를 취급하는 '생활관(生活館)', 동쪽에는 다양한 디자인 잡화와 갤러리가 있는 공간 '앙페르(enfer)', 그 뒤쪽으로 누구나 사용할 수 있는 열린 공간 '코티지(Cottage)'가 있다.

생활관 입구.

생활관 生活館

귀여운 그림의 간판에서 의식주와 관련된 책과 생활 잡화를 취급하는 공간의 정체성이 느껴진다. 한쪽에 마련된 미니 갤러리에서는 케이분샤가 지원하는 작가의 작품이나 생활 관련 물품을 기간 한정으로 전시·판매한다.

케이분샤 惠文社

무조건 신간을 소개하는 서점이 아닌, 한 권 한 권을 스태프들이 신중하게 선택하고 소개하고 진열하는 책의 공간을 지향한다. 하나하나 정성을 다한 도서 진열과 손글씨로 써내려간 스태프의 책 소개 글에서 애정이 느껴진다.

케이분샤 서점 입구.

코티지 Cottage

코티지는 상품과 판매가 아닌, '장소'와 '사람'이 중심이 되어 체험을 공유하는 공간을 만들어 나가자는 취지에서 시작되었다. 누구나 대관하여 다양한 문화 관련 공간으로 사용할 수 있다.

앙페르 enfer

앙페르는 다양한 종류의 문구·잡화를 비롯해 지역 학생들이나 무명 아티스트들의 디자인 제품을 취급하면서 케이분샤만의 시각으로 문화를 소개하는 장소다. 한쪽 공간을 차지하는 갤러리에서는 다양한 전시가 이루어진다.

3대를 이어온 과자점에서 즐기는 건강한 달콤함
이치조지 나카타니 一乗寺中谷

📍 에이덴 이치조지(一乗寺)역에서 도보 5분 또는
시버스 이치조지쿠다리마츠마치(一乗寺下リ松町)
정류장에서 도보 1분
📍 京都市左京区一乗寺花ノ木町5
🕘 09:00~19:00
📞 +81-075-781-5504
🌐 ichijouji-nakatani.com

인기 디저트
키누고시료쿠차티라미스. 단품 410엔.

에이덴 이치조지역에서 시센도 방향으로 걷다 보면 대로를 지나 눈길을 사로잡는 독채 건물 상점이 있다. 이곳이 이 동네에서 3대째 과자점을 이어오고 있는 이치조지 나카타니. 전통 화과자점으로 시작했으나, 3대 운영을 이어받은 화과자 장인 남편과 파티시에 아내가 전통식과 서양식을 조화롭게 융합한 새로운 디저트를 선보이며 다양한 종류의 디저트를 판매하고 있다.

대를 이어 전해지는 이치조지 마을의 양갱 뎃치요캔(でっち羊かん)과 함께 언뜻 보면 떡 같아 보이는 녹차 티라미스 키누고시료쿠차티라미스(絹ごし緑茶てぃらみす)가 특히 유명하다. 가게 안쪽에는 카페 공간이 마련되어 있어 이곳에서 판매하는 디저트와 차를 즐길 수 있으며 식사 메뉴도 판매한다. 이치조지 산책 중에 건강한 맛과 달콤함을 즐길 수 있는 곳이다.

① 안쪽에 카페 공간이 마련되어 있어 식사 메뉴나 차, 디저트를 즐길 수 있다.
② 전통 화과자는 물론 양과자도 다양하게 판매하고 있어 고르는 재미가 있다.

대표 식사 메뉴 중 하나인 쿄조니노이로도리고항(京雑煮のいろどりごはん, 1000엔). 9월 하순~5월 하순 사이에 판매하는 메뉴다. 팥밥과 백미소를 넣은 일본식 떡국 오조니(お雑煮), 반찬 2가지와 깨두부가 나온다.

화과자와 음료 세트(和菓子+コーヒ 又는 紅茶, 550엔). 음료는 커피 또는 홍차를 고를 수 있다. 양과자 세트는 780엔.

12:30 ①

집밥 같은
건강한 점심

데마치야나기역에서 서쪽으로 이동하면 니시진(西陣)이라는 동네가 나온다. 교토 최고의 비단 공방으로 유명했던 이 동네 곳곳에는 분위기 있는 카페, 맛집이 즐비하다.

쌀집 아저씨가 해주는 맛있는 밥과 햄버그스테이크

키친파파 キッチンパパ

📍 시버스 센본카미다치우리(千本上立売) 정류장에서 도보 2분 또는 센본이마데가와(千本今出川) 정류장에서 도보 7분
📍 京都市上京区上立売通千本東入姥ヶ西町591
🕐 11:00~14:00, 17:00~20:50 / 목요일 휴무
📞 +81-75-441-4119
🌐 kitchenpapa.net

사람 사는 냄새가 폴폴 나는 동네 니시진답게 골목 사이사이에 뜬금없이 작고 예쁜 가게들이 숨어있다. 키친파파 역시 동네 사람들의 사랑방 같은 귀여운 밥집. 이래 봬도 1856년부터 이곳을 지키고 있는 동네 터줏대감 쌀집이다. 이곳의 특이한 점은 안쪽 깊숙이 숨어있는 양식당. 문을 열고 들어서면 평범한 동네 쌀가게가 보이지만 안쪽 갈색 스윙도어를 열고 들어가면 작고 소박한 식당이 나온다.
키친파파의 자랑은 갓 정미한 맛있는 쌀로 지은 밥과 손맛 가득한 수제 햄버그스테이크다. 육즙 가득한 햄버그스테이크에는 특제 데미글라스 소스가 얹어져 있는데, 자극적이지 않으면서도 감칠맛이 가득하다. 쌀밥은 두말할 것도 없이 맛있어서 저절로 밥 한 공기를 해치우게 한다. 매일 한정된 양의 현미밥도 주문할 수 있다. 여행 중에 집밥 같은 건강한 맛의 식사를 하고 싶다면 꼭 방문해 보자. 사진 메뉴판은 없지만, 영어 메뉴판이 있다.

스윙도어를 젖히고 들어가면 키친파파 양식당이 나온다.

답례품용 쌀 포장. 감사의 마음을 전달할 때 답례품으로 쌀을 선물하는 전통이 있다.

쌀가게에서는 갓 정미한 여러 종류의 쌀을 판매하고 있다.

① 밥, 햄버그스테이크, 샐러드, 미소시루(된장국)가 나온다. 밥은 대·중·소로 양을 고를 수 있고 모자라면 추가도 가능하다.

② 소박한 플레이팅이지만 맛만큼은 최고급!

14:00

보물찾기 같은 골목,
토미코지도리 산책

목적지 없이 무작정 발길 닿는 대로
걷다가 마음을 사로 잡는 가게들이
가득한 골목을 만나기도 한다.
숨겨진 보물을 찾는 기분으로
토미코지도리를 걸어보자.

- 지하철 마루타마치(丸太町)역 또는 시버스 사이반쇼마에(裁判所前) 정류장에서 도보 5분
- 京都市中京区大炊町355-1
- 11:00~18:00 / 일~화요일 휴무
- +81-75-221-6534
- www.facebook.com/ひつじドーナツ-361742430621952/

교토를 닮은 단정한 도넛 가게
히츠지 ひつじ

고쇼미나미(御所南) 초등학교에서 들려오는 아이들의 떠들썩함을 들으며 토미코지도리를 조금 걷다 보면 한쪽 모퉁이에 단정한 모습으로 자리 잡은 도넛 가게 히츠지를 만날 수 있다. '양'이라는 이름답게 가게를 대표하는 모양도 도넛을 입에 물고 있는 귀여운 양 한 마리다.
이곳에서는 이스트를 쓰지 않은 천연발효 도넛을 맛볼 수 있다. 화려한 무늬나 색감은 없지만 쫀득하면서도 부드러운 식감과 건강한 맛이 느껴진다. 발아 현미를 사용하거나 유명 홍차 전문점의 홍차 잎을 사용하는 등 재료 하나하나에도 정성을 다하는 마음을 느낄 수 있다. 학교가 옆에 있는 동네 한가운데 있다 보니 간식거리로 도넛을 사러 오는 엄마나 꼬마들도 자주 만날 수 있는 생활감이 물씬 풍기는 건강 간식 가게다.

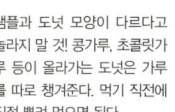

샘플과 도넛 모양이 다르다고 놀라지 말 것! 콩가루, 초콜릿가루 등이 올라가는 도넛은 가루를 따로 챙겨준다. 먹기 직전에 직접 뿌려 먹으면 된다.

진열대 너머로 도넛을 굽는 모습도 볼 수 있다.

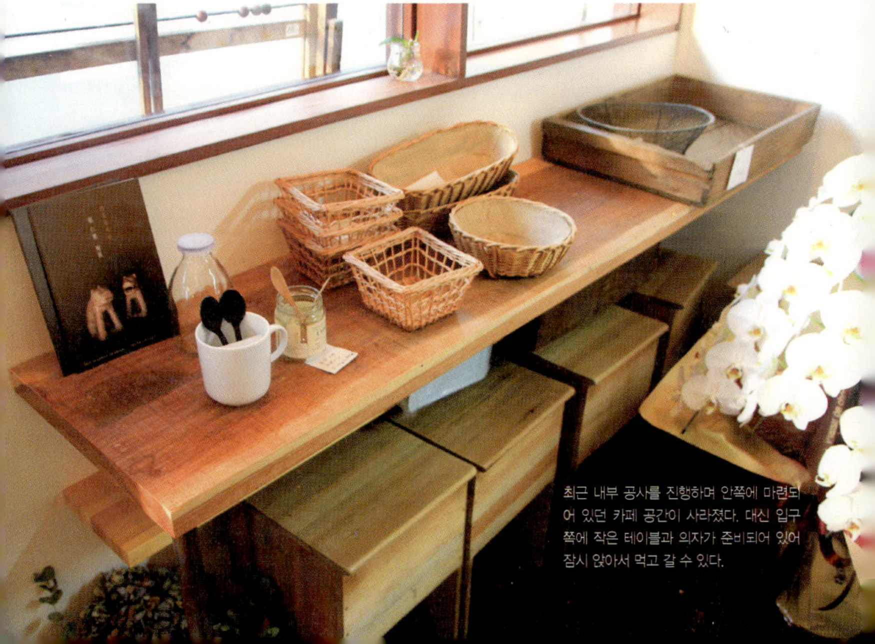

최근 내부 공사를 진행하며 안쪽에 마련되어 있던 카페 공간이 사라졌다. 대신 입구 쪽에 작은 테이블과 의자가 준비되어 있어 잠시 앉아서 먹고 갈 수 있다.

벽화같이 숨어있는 아기자기한 가죽 공방

림 Rim

커다란 유리창 너머로 예쁜 가죽 제품들이 보여 쇼윈도인가 하며 기웃거리고 있는데 발아래 'open'이라고 써진 작은 나무 조각이 보인다. 입구가 어딘지 찾으니 창문 중간에 화살표 하나가 있다. 화살표 방향으로 창을 살짝 밀면 문이 열린다. 골목 중간에 무심코 지나치기 쉽게 숨어있는 이곳은 가죽공방 림(Rim)이다.

오너 오시노 케이코 씨는 회사 재직 중 독학으로 가죽 공예를 시작한 후, 2004년 교토로 이사하며 본격적으로 가죽 공방 운영을 시작했다. 케이코 씨의 섬세한 손길로 만들어진 모든 제품은 실용성과 디자인을 모두 만족시킨다. 개인 공방 제품치고는 가격도 합리적이고 아기자기한 소품들도 다양해서 선물용으로 구매하기도 좋다.

- 지하철 교토시야쿠쇼마에(京都市役所前)역 또는 카라스마오이케(烏丸御池)역에서 도보 10분
- 京都市中京区 鍛冶屋町377-1
- 수~일요일 13:00~18:00
- +81-75-708-8685
- rim-works.com

① 크지 않은 공간이지만 꽤 다양한 종류의 제품이 진열되어 있다.

② 안쪽 작업대에서 케이코 씨가 작업하는 모습도 볼 수 있다.

3 Days in Kyoto 95

젊은 디자이너와 공예가들의 디자인 상품 셀렉트 숍

교토 디자인 하우스 Kyoto Design House

주얼리 브랜드로 유명한 니와카 그룹의 교토 본사 건물 1층에 자리한 이곳은 교토의 디자인과 공예 발전을 위한 마음을 담아 니와카 그룹에서 기획하고 운영하는 공간으로, 일본의 젊은 디자이너와 공예가들이 만든 상품을 한자리에 모아 놓은 셀렉트 숍이다. 아기자기한 잡화부터 생활용품, 문구, 패션상품, 식기, 전통 공예품 등 다양한 종류의 질 좋은 제품을 합리적인 가격으로 만날 수 있다. 일본 전통 공예를 현대적으로 해석한 물건이 많아 기념품으로 살 만한 독특한 제품도 많은 것이 큰 장점. '아름다운 날들을 선물하다(美しい日々を贈る)'라는 콘셉트답게 교토에서 보낸 아름다운 날들의 기억이 될 멋진 선물을 찾을 수 있을 것이다.

부드러운 감촉의 소프트리넨 위에 귀여운 사슴 자수가 놓인 아기용 콩주머니 5개 세트(お手玉, 2160엔).

- 지하철 교토시야쿠쇼마에(京都市役所前)역 8번 출구에서 도보 5분
- 京都市中京区福長町105俄ビル1F
- 11:00~20:00
- +81-75-221-0200
- www.kyoto-dh.com

DAY 3

인기 제품 중 하나인 오하코(おはこ, 594~648엔). 상자 디자인이 될 뚜껑을 다양한 판화 그림 중에서 고를 수 있다. 상자 안 내용물은 수제 사탕 쿄아메, 콩가루 초콜릿, 별사탕 콘페이토 중 선택 가능하며 종류에 따라 가격이 다르다.

3 Days in Kyoto 97

16:30

산책의 끝자락, 마치야 상점에서 한박자 쉬어가기

온종일 많이 걷고 많이 이동했으니 차분한 마치야 공간에 들러 잠시 휴식을 취하자.

달콤함을 즐기는 사람들을 위한 아늑한 공간
우메조노 카페&갤러리 うめぞのCAFE&GALLERY

- 지하철 시조(四条)역 또는 한큐 카라스마(烏丸)역에서 도보 7분
- 京都市中京区不動町180
- 11:00~19:00
- +81-75-241-0577
- umezono-kyoto.com/cafe/

아담한 2층 마치야를 개조한 카페로 교토의 오래된 전통 디저트 가게 '우메조노(梅園)'에서 운영하는 자매점이다. 세월의 흔적이 가득 느껴지는 목조 외관이지만 안으로 들어서면 모던하고 세련된 공간이 나온다. 1층은 카페, 2층은 갤러리이며 2층에도 몇 개의 테이블이 있다. 작지만 아늑하고 차분한 느낌이라 달콤한 디저트를 먹으며 쉬어가기에 좋다.

① 2층 갤러리에서는 작은 전시가 진행되고 있다.
② 1층 카페 공간. 안쪽 유리 너머로 작은 내부 정원이 있다.

인기 메뉴 말차 핫케이크(抹茶ホットケーキ, 930엔). 우지 말차의 풍미가 가득한 폭신한 식감의 핫케이크에 수제 팥소와 흑설탕 시럽을 첨가한 버터가 올라가 있다.

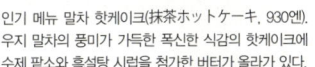

시럽을 곁들인 한천 젤리, 콩가루를 묻힌 와라비모치, 맛차 아이스크림과 수제 팥소가 순서대로 쌓여있는 파르페(パフェ, 1030엔). 아이스크림은 부탁하면 바닐라로 변경 할 수 있다.

전통미 가득한 마치야 상점
쿠로치쿠 くろちく

전통과 현대 생활의 조화를 목표로 사업을 전개하고 있는 쿠로치쿠 그룹의 전통 잡화점 쿠로치쿠의 본점. 명소에 있는 쿠로치쿠 지점들은 아기자기한 잡화와 기념품을 중심으로 하는 데 반해 본점은 전통 직물을 이용한 고급 제품도 판매하고 있다. 오래된 마치야를 개조한 상점 내부에는 은은한 조명 아래 치리멘을 이용한 잡화, 손뜨개 상품, 귀여운 캐릭터가 그려진 생활용품 등 다양한 제품을 판매하고 있다.

지하철 시조(四条)역 또는 한큐 카라스마(烏丸)역에서 도보 7분
京都市中京区新町通錦小路上る百足屋町380
09:00~18:00
+81-75-256-9393
kurochiku.co.jp

인기 상품 중 하나인
고체 향수(練り香水, 540엔).

쿠로치쿠의 귀여운 오리지널
캐릭터 코토네(ことね).

3 Days in Kyoto 101

예약 필수!
화제의 맛집으로

교토 여행의 마지막 식사로 최근 현지에서 가장 화제인 맛집을 방문해 보자. 헛걸음하지 않으려면 사전 예약이 필수!

눈과 입이 모두 즐거운 아름다운 요리

아우무 AWOMB

최근 일본에서 가장 핫한 레스토랑 아우무. 런치는 예약을 받지 않아 오픈 전부터 줄을 서 있어야 먹을 수 있을 정도다. 디너 타임엔 예약이 가능하니 꼭 맛보고 싶다면 미리 전화 예약하는 것을 추천한다.
전통 마치야를 개조한 모던한 공간에서 맛보는 이곳의 오리지널 메뉴는 테오리즈시(手織り寿し). 요리의 색채와 플레이팅이 아름다워 메뉴가 나오는 순간 누구나 한동안 구경을 하거나 사진을 찍는 진풍경이 연출된다. 맛은 겉모양만큼 화려하지 않지만, 재료 본연의 맛을 깊게 느낄 수 있는 건강하고 담백한 요리다. 영어 메뉴판은 있지만 요리 재료 하나하나를 소개하고 설명하는 것은 일본어로만 진행된다.

지하철 시조(四条)역 또는 한큐 카라스마(烏丸)역에서 도보 7분
京都市中京区姥柳町189
12:00〜15:00, 18:00〜20:00
+81-75-204-5543
www.awomb.com

TIP 테오리즈시(手織り寿し)란?

'織る'라는 일본어에는 '여러 가지를 짜 맞추어 만들다'라는 의미가 있다. 테오리즈시는 그 의미를 콘셉트로 하여, 교토의 식재료를 중심으로 한 아름다운 색채의 재료를 직접 조합해서 다양한 형태로 만들어 먹는 초밥을 말한다.

입구를 들어서면 좁은 복도를 따라 레스토랑과 연계된 스튜디오의 잡화를 전시·판매하는 공간이 나온다.

먹는 방법은 따로 정해져 있지 않다. 밥과 재료를 따로 먹어도 되고 김초밥처럼 돌돌 말아먹어도 된다. 여러 가지의 조합 속에서 즐거움을 찾는 것도 이 요리의 매력 중 하나!

테오리즈시(手織り寿し), 보통(並) 1680엔/상(上) 2340엔/특상(特上) 2970엔(수량한정)

19:00

교토역에서
명물 과자 쇼핑하기

시내 곳곳에 흩어져 있는
명물 과자점을 다 찾아다닐 수 없다면
교토역으로 가자.
유명 과자점이 모두 모여 있어
마지막 쇼핑으로 적격이다.

교토 대표 명물 과자가 한자리에!

더 큐브 The CUBE

- 교토역 내
- 京都市下京区烏丸通塩小路下ル東塩小路町901 京都駅ビル
- +81-75-371-2134
- 08:30~20:00
- www.thecube.co.jp

손으로 만드는 것의 가치를 중시하는 교토에는 장인의 손으로 전해지는 명과가 많다. 색도 모양도 예쁜 과자들을 다양하게 맛보고 싶지만 가게들을 모두 찾아다니는 것은 꽤 번거로운 일. 그럴 때 모든 것을 해결해 주는 것이 교토역의 쇼핑센터다. 그 중에서도 먹거리부터 패션 잡화까지 다양한 교토의 상품을 취급하고 있는 쇼핑가 더 큐브 1, 2층의 '쿄메이카(京名菓)'에는 50개 이상의 교토의 대표 명물 과자점이 작지만 알차게 입점해 있다. 바쁘게 마지막 쇼핑을 하거나 한 번에 다양한 것을 쇼핑하고 싶은 여행자에게 적격이다. 꼭 과자를 사지 않아도 유명 제품이 많이 모여 있어 구경하는 것만으로도 즐겁다.

촘촘하게 여러 가게가 입점해 있으며 대표 상품은 거의 다 준비되어 있다.

> **TIP**
> 교토역 내에는 이세탄(伊勢丹), 아스티 로드(ASTY ROAD), 미야코미치(みやこみち) 등의 다양한 쇼핑몰, 쇼핑가가 있어서 역을 한 바퀴만 돌아도 대부분의 교토 명물은 모두 살 수 있다.

3 Days in Kyoto

설탕 과자 히가시(干菓子)로 유명한 칸슌도(甘春堂)의 별사탕 콘페이토(金平糖).
더 큐브 각 303엔

전통 직물 치리멘 천으로 만들어진 명함 케이스.
쿠로치쿠 1080엔

Special
교토에서 온 선물 III

수제 사탕이 들어있는 예쁜 디자인 상자의 오하코(おはこ). 유자맛, 맛차맛, 딸기맛 사탕이 들어있다.
교토 디자인 하우스 594엔

콩과자로 유명한 마메마사(豆政)의 크림 오색콩(クリーム五色豆). 상자도 과자도 파스텔톤의 귀여운 색감이다.
더 큐브 648엔

유명 판화가의 그림이 새겨진 귀여운 상자 속에 걸죽하고 달달한 갈분차(葛湯, 칡녹말로 만든 차) 가루가 들어있는 명과점 니조와카사야(二條若狭屋)의 인기 상품 후로센(不老泉). 물을 부으면 새와 싸라기눈이 떠오른다. 각각 칡, 팥, 말차맛.
더 큐브 648엔

현지인의 정보가 가득한 교토 여행서. 디앤디파트먼트의 여행서 d 교토편, 안도 프리미엄(& Premium) 교토편.
케이분샤 각 1512엔, 842엔

번외편

3일 여행이 아쉽다면, 조금 더 멀리 가보기

한 걸음 더, 교토

교토는 중심지를 조금 벗어난 외곽 지역에도 매력적인 볼거리가 많다. 3일 여행에서 아쉬움을 느껴 일정을 조금 더 길게 잡았다거나 이미 여러 번 교토를 방문해 조금 색다른 곳에 가보고 싶다고 생각한다면, 한 걸음 더 멀리 떠나보자.

여기서는 그중에서도 특히 독특한 아름다움으로 빛나는 북부와 남부의 명소를 한 곳씩 소개하려고 한다. 교토 북부의 풍요로운 자연에 둘러싸인 작은 시골 마을 오하라(大原)와 교토역에서 조금만 남쪽으로 향하면 만날 수 있는 신사 후시미이나리타이샤(伏見稲荷大社)다. 두 곳 모두 중심지에서 조금 떨어져 있어 쉽게 찾지 않는 곳이지만 다른 곳에서는 만날 수 없는 특별한 매력이 있는 명소들이다.

어떻게 갈까?

오하라

버스 이용을 추천한다. 하지만 오하라는 시버스·교토버스 1일 승차권(500엔)을 사용할 수 없는 곳이다. 편도 버스 요금이 600엔이니 오하라 외의 다른 일정이 있다면 교토 관광 1일 승차권(1200엔)을 이용하는 것이 좋다. 교토역을 기준으로 오하라 정류장까지는 약 1시간 30분 정도가 소요된다.

후시미이나리타이샤

버스의 경우 시버스·교토버스 1일 승차권(500엔)으로 갈 수 있는 지역이기 때문에 교토역에서 출발하면 시버스 후시미이나리타이샤마에(伏見稲荷大社前) 정류장까지 20~30분 정도면 도착할 수 있다. 하지만 카와라마치 등의 중심지에서 출발할 경우 버스를 갈아타거나 많이 걸어야 할 수도 있다. JR 전철을 이용하면 이나리(稲荷)역까지 10분(교토역 출발 기준, 편도 140엔)만에 갈 수 있고 역 바로 앞에 신사 입구가 있다. 케이한 전철을 이용해 후시미이나리(伏見稲荷)역으로 가는 방법도 있다.

교토의 숨은 보석
오하라

교토시 북부에 있는 작고 아름다운 마을 오하라는 오랜 세월 지체 높은 귀인과 고승들의 은거지였다. 그래서인지 유난히 아름답고 신비로운 사찰과 정원이 많다.

동양의 보석 상자라 불리는 아름다움
산젠인 三千院

- 오하라 정류장에서 도보 10분
- 京都市左京区大原来迎院町540
- 3~10월 09:00~17:00, 11월 08:30~17:00, 12~2월 09:00~16:00
- +81-75-744-2531
- www.sanzenin.or.jp

오하라 정류장에서 오른쪽으로 보이는 작은 계곡을 따라 이어지는 길을 따라 걸으면 오하라를 대표하는 사찰 산젠인이 나온다. 이곳은 1950년 일본의 대표 문학상인 아쿠타가와상을 받은 작가 이노우에 야스시(井上靖)가 '동양의 보석상자(東洋の宝石箱)'라고 극찬한 곳이다.

이곳의 매력은 웅장한 건축물이나 불상이 아니라 푸른 이끼가 가득한 정원과 커다란 삼나무, 계절에 따라 변화하는 자연 경관에서 발견할 수 있다. 투박하면서도 아기자기하고 고결함 넘치는 분위기는 다른 곳에서는 쉽게 찾을 수 없는 특별함이다. 입장료는 일반 700엔이다.

캬쿠덴(客殿) 툇마루에 앉아 아름다운 슈헤키엔(聚碧園) 정원을 감상할 수 있다.

푸른 이끼 정원 사이사이에 숨어있는 작은 지장보살 석불을 만날 수 있다. 눈을 감고 빙그레 웃고 있는 동그란 얼굴을 보면 함께 미소가 지어진다.

한 폭의 그림 같은 액자 정원

호센인 宝泉院

오하라 정류장에서 도보 15분. 산젠인을 지나 안쪽으로 더 걸어 들어간다.
京都市左京区大原勝林院町187
09:00~17:00
+81-76-744-2409
www.hosenin.net

카마쿠라 시대부터 승려들의 숙소로 사용되었던 호센인은 기둥과 기둥 사이의 액자 같은 공간을 통해 창밖의 정원을 감상할 수 있는 액자 정원(額縁庭園)으로 유명하다. 이 정원은 풍경이 너무나도 아름다워 그냥 지나칠 수 없다는 의미의 반칸엔(盤桓園)이라고 불린다. 액자 정원에서 가장 눈에 띄는 것은 수령 700년이 넘은 거대한 노송이다. 원시의 숲 속에 있을 법한 웅장한 모습을 하고 있다. 서원 복도의 천정은 후시미성(伏見城)의 마루를 가져온 것인데, 사무라이들의 혈흔이 남아있는 혈천정(血天井)이라고 한다. 벚꽃과 단풍 시즌에는 야간 라이트업 행사도 진행된다.

입장(일반 800엔) 할 때 주는 말차 티켓을 건네면 푸른 말차와 오리지널 화과자를 받을 수 있다. 고요한 공간에 앉아 아름다운 자연의 그림을 보며 말차를 마시는 시간은 잊지 못할 경험이 될 것이다.

여우가 지키고 있는
교토 남부 명소

교토에서 그리 멀지 않은 남부 인기 명소에서 신사를 지키는 여우와 신비로운 분위기의 붉은 터널을 만날 수 있다.

선명하고 아름다운 붉은 빛의 향연
후시미이나리타이샤 伏見稲荷大社

곡식과 상업을 관장하는 이나리(稲荷) 신을 모시는 신사를 이나리진자(稲荷神社)라고 한다. 서민의 삶과 밀접한 관련이 있는 이나리진자는 전국에 약 3만여 개가 있다고 하는데 후시미이나리타이샤는 그것의 본부 격인 총본산이다. 곳곳에서 볼 수 있는 여우 동상은 이나리 신의 사자(使者)가 여우이기 때문이며, 이로 인해 여우를 '이나리'라고 말하기도 한다.

이곳의 가장 큰 볼거리는 '천 개의 토리이'라는 의미의 센본토리이(千本鳥居), 악귀와 액운을 쫓는다는 붉은 색으로 칠해진 토리이가 끝없이 이어져 만들어내는 신비로운 풍경은 많은 사람의 발길을 이곳으로 이끌고 있다. 이곳에 있는 수많은 토리이는 기원의 의미를 담아 개인 또는 단체가 봉납한 것으로, 뒤쪽에서 봤을 때 오른쪽에는 봉납일자, 왼쪽에는 봉납한 이의 이름이 새겨져 있다.

- JR 이나리(稲荷)역 바로 앞 또는 케이한 후시미이나리(伏見稲荷)에서 도보 5분
- 京都市伏見区深草薮之内町68
- 경내 무료
- +81-75-641-7331
- inari.jp

이나리 신의 심부름꾼인 여우로 인해 후시미이나리타이샤의 기념품으로 여우 관련 상품이 많으며 이곳의 에마(絵馬) 역시 여우 얼굴 모양이다.

① 입구의 거대한 토리이를 지나면 사쿠라몬(桜門)이라는 신사의 정문이 나온다.

② 무로마치 시대와 모모야마 시대의 특징을 모두 가지고 있는 섬세한 장식의 혼덴(本殿)

③ 보통 관광객들은 첫 번째 토리이 터널이 끝나는 오쿠샤호하이쇼(奥社奉拝所)까지 보고 되돌아오는 경우가 많다. 하지만 그곳에서 더 안쪽으로 들어가 산 정상을 둘러 이어지는 약 1000개의 토리이를 모두 보려면 4km에 달하는 코스를 걸어야 한다.

TIP

유부=이나리=여우?

일본어로 이나리(稲荷)는 유부라는 뜻도 있다. 그래서 유부초밥을 이나리즈시(いなり寿司)라고 한다. 그 유래에 관해서는 여러 가지 설이 있는데 네모난 유부가 쌀가마니를 닮아 벼(곡식)라는 의미의 이나리를 사용했다는 말도 있고 이나리 신의 사자인 여우가 유부를 좋아한다는 옛이야기에서 유래됐다는 말도 있다. 그런데 앞서 말했듯 이나리는 여우라는 의미도 있기 때문에 일본에서는 유부가 올라간 우동을 여우의 또 다른 이름인 '키츠네'를 사용해 키츠네우동(きつねうどん)이라고 한다.

3 Days in Kyoto 115

작고 귀여운
사슴의 도시, 나라

710년 일본의 겐메이 일왕이 중국 당나라의 수도인 장안을 본 떠 헤이조쿄(平城京)라는 수도를 건설한 곳이 바로 지금의 나라(奈良)다. 헤이조쿄는 약 74년 동안 수도로서 번영했는데 이 시기를 나라 시대라 부른다. 비록 그 시기는 짧지만, 나라 시내 동쪽 일대에 넓게 자리하고 있는 나라코엔(奈良公園) 일대는 다양한 역사적 명소와 아기자기한 마을 나라마치 등이 있어 한나절 동안 둘러보며 여행을 하기에 좋다. 특히 나라코엔 일대에는 천연기념물로 보호받으며 관리되고 있는 사슴들이 방목되고 있어, 가까이서 사슴을 보고 함께 길을 걷는 독특한 경험을 할 수 있다. 야생 사슴이라고는 하지만 아기 사슴 때부터 사람들과 가까이 지내 사람을 잘 따른다. 교토와는 또 다른 매력이 가득한 사슴의 도시, 나라로 떠나보자.

어떻게 갈까?

교토 시내에서 나라로 갈 때는 킨테츠 전철이나 JR 전철을 이용하면 된다. 나라코엔을 시작으로 하는 일정이라면 킨테츠 나라역(교토역 출발 기준, 편도 620엔)으로 가면 좋고 나라마치 일대를 먼저 볼 생각이라면 JR 나라역(교토역 출발 기준, 편도 710엔)으로 가는 것이 좋다. 두 가지 모두 급행·쾌속 기준 약 40~50분 정도가 소요된다.

어떻게 다닐까?

나라의 주요 관광 명소는 대부분 나라코엔 주변에 모여 있으므로 따로 대중교통수단을 이용할 필요 없이 도보 여행만으로도 충분하다. 하지만 온종일 걷기에 결코 좁은 범위는 아니며 다른 지역에 비해 대여료가 저렴한 편이니 자전거를 빌려 타는 것도 좋다.
킨테츠 나라역 출구 근처에 나라교통에서 운영하는 대여소가 있는데, 다른 곳보다 운영 시간이 길고 3시간 대여도 가능하며 일반 자전거 1일 대여의 경우 다른 지점에 반납해도 되는 장점이 있어 추천한다.
대여료는 1일 대여의 경우 일반 자전거 800엔, 전동 자전거 1200엔이다. 일반 자전거는 개수가 적어 아침 일찍 대여가 끝나니 전화 예약을 하는 것이 좋다. 넓은 지역을 돌아보는 코스를 계획한다면 힘이 덜 들어가는 전동 자전거도 좋다.

나코 렌터사이클 ナコーレンタサイクル
- 킨테츠 나라역 6번 출구에서 왼쪽 바로 옆
- 09:00~19:00(12/30~1/3 휴무)
- +81-742-22-5475
- www.narakotsu.co.jp/kanren/cycle/index.html

TIP

1일 대여로 할인 쿠폰을 사용하자!
나코 렌터사이클 홈페이지에 들어가면 왼쪽 메뉴에 'お得なクーポン券'이라고 써 있는 카테고리가 있다. 이것을 클릭하면 200엔 할인 쿠폰이 나온다. 이 쿠폰은 1일 자전거 대여를 할 때 사용할 수 있다. 쿠폰 화면을 인쇄하거나 휴대전화 화면으로 제시하면 할인이 가능하다. 참고로 대여 시 신분증이 필요하니 여권을 꼭 챙길 것!

사슴과 함께 하는
나라 세계유산 산책

헤이조쿄의 흔적은 나라의 세계유산으로 보호되고 있다. 특히 나라코엔 주변에 여러 개의 세계유산 건물이 있다. 들러보면 좋을 대표적인 명소를 소개한다.

찬란한 영광의 시대를 품고 있는 신사
카스가타이샤 春日大社

- 킨테츠 나라역에서 도보 약 30분
- 奈良市春日野町160
- 4~9월 06:00~18:00, 10~3월 06:30~17:00, 특별 참배 08:30~16:00
- +81-742-22-7788
- www.kasugataisha.or.jp

많이 알려지지 않았지만 카스가타이샤는 나라를 대표하는 세계유산 중 하나다. 오랜 역사를 품고 있는 카스카타이샤와 함께 그 안쪽 깊숙한 곳에 있는 카스가 원시림까지 세계유산으로 등재되어있다. 이곳은 8세기를 주름 잡았던 후지와라(藤原) 가문의 씨족 신을 모시기 위해 710년에 창건한 신사다. 그 후 나라에 도읍이 생기며 왕실 전용 신사가 되었고 국가 번영과 국민 행복을 기원하기 위해 4명의 신을 모셔왔다. 이세진구, 이와시미즈 하치만구와 더불어 일본 3대 신사(三社)라고 하니 그 대단했던 위용이 알 수 있다. 신을 모시는 경건함을 유지하기 위해 20년마다 신전을 대수리하는 '시키넨조타이(式年造替)'의 전통이 있어 창건 이래의 장대한 면모를 유지하고 있다. 수리가 완료되는 해에는 평소에는 출입이 허락되지 않는 본전 내부를 특별 참배 할 수 있다.

경내 주요 볼거리로는 국보급 중요문화재를 전시하는 보물전(宝物展)과 봄철 등나무꽃이 절경인 정원 신엔(神苑)이 있으며, 매년 츄겐(中元)과 세츠분(節分)에 신사 경내 3000여 개에 달하는 석등과 등롱의 불을 밝히는 만토로(万燈籠) 행사가 있다.

볼거리가 많은 곳이 아니지만, 나무가 울창한 참배길을 산책하는 것만으로도 좋다. 참배길을 따라 늘어선 석등을 보며 걷는 것도 운치 있다. 가끔 그 사이로 빼꼼히 얼굴을 내미는 사슴을 만날 수 있을지도!

① 본전 정문인 미나미몬(南門). 평소에는 이 문 입구 쪽의 일부만 개방된다. 그곳에서 카스가타이샤의 오미쿠지(おみくじ)나 오마모리(お守り), 에마(絵馬) 등을 살 수 있다. 사슴 모양을 한 것이 많아 귀여운 기념품이 된다.

② 2015년에 제60차 시키넨조타이 행사가 있어 20년 만에 본전 특별 참배(500엔)가 가능했다.

③ 본전 가장 안쪽에 있는 후지나미노야(藤浪之屋)는 회랑 일부를 사용해 만토로(万燈籠)를 재현해 놓았다.

세계 최대의 목조 건축물 다이부츠덴.

인자한 얼굴의 대불이 있는 나라 최고의 명소

토다이지 東大寺

별도의 입장이 필요한 곳을 제외한 토다이지의 경내 곳곳에서도 역시 사슴을 만날 수 있다.

토다이지는 나라의 가장 유명한 세계유산이자 최고의 인기 명소로, 나라를 방문하는 사람은 누구나 한 번쯤 들르는 곳이다. 세계 최대 규모를 자랑하는 목조 건축물인 다이부츠덴(大仏殿) 킨도(金堂)는 그 내부에 안치되어 있는 높이 18m, 무게 약 25t의 대불로 유명하다. 지금도 경내가 꽤 넓지만 창건 당시에는 유례 없는 엄청난 크기의 사찰이었다고 한다. 하지만 중세 이후 여러 병화를 겪으며 많은 건물이 소실되고 복원되었다. 대불이 있는 다이부츠덴 역시 2번에 걸쳐 소실된 후 에도 시대인 18세기 초에 재건한 것인데, 창건 당시와 비교하면 모양도 많이 바뀌고 크기도 2/3로 축소되었다고 한다. 그런데도 토다이지의 다이부츠덴과 대불은 보는 사람을 압도할 정도로 장쾌한 스케일을 자랑한다.

- 긴테쓰 나라역에서 도보 약 15분
- 奈良市雜司町406-1
- 08:00~17:00(계절에 따라 변동)
- +81-742-22-5511
- www.todaiji.or.jp

토다이지의 정문인 난다이몬(南大門). 거대한 다이부츠덴에 어울리는 엄청난 크기를 자랑하며 세월의 흔적이 짙게 느껴지는 투박한 목조 건축물의 모습을 하고 있다.

대불 뒤쪽에서 사람들이 구경하는 기둥 하나를 볼 수 있는데 이 기둥은 대불의 콧구멍 크기와 같은 굵기로, 아래에 있는 작은 구멍을 통과하면 불운을 막을 수 있다고 한다. 하지만 구멍이 꽤 작아 아이들만 겨우 통과할 수 있을 정도.

다이부츠덴 내에 안치되어 있는 본존 비로자나불. 다이부츠사마(大仏さま)라고 불린다.

> **TIP**
> ### 에마도차야 絵馬堂茶屋
> 니가츠도로 가는 길 중간에 있는 작은 식당. 우동, 소바 등을 판매한다. 여름에 니가츠도에 오를 때는 이곳에서 잠시 쉬어가며 소프트아이스크림이나 일본식 빙수 카키고리(かき氷)를 먹는 것도 좋다.

시간이 있다면 오르는 길이 조금 힘들어도 니가츠도(二月堂)에 가보는 것을 추천한다. 법당의 내부는 공개되고 있지 않지만, 시원한 바람이 불고 나라 시가지가 한눈에 보이는 멋진 전망대가 있다.

3 Days in Kyoto

현지에서도 인기 있는 카페&잡화점

옛 도읍의 흔적이 가득한 작은 지방 도시지만 의외로 이름이 알려진 세련된 카페&잡화점이 꽤 있다. 이곳들의 특징은 맛있는 밥이 있는 카페라는 것.

나라마치를 닮은 상냥한 분위기의 공간

카나카나 カナカナ

🔹 킨테츠 나라역에서 도보 15분 또는 JR 나라역에서 도보 20분
🔹 奈良市公納堂13
🔹 3~11월 11:00~20:00, 12~2월 11:00~19:30
　월요일 휴무(공휴일인 경우 다음날 휴무)
🔹 +81-742-22-3214
🔹 kanakana.info

옛 나라의 모습을 간직하고 있는 아기자기하고 정취 넘치는 동네 나라마치(奈良町)에서 80년이 넘은 민가를 개조해 운영하고 있는 인기 카페 카나카나. 매일 반찬이 바뀌는 가정식인 카나카나고항(カナカナごはん, 1300엔)이 특히 맛있기로 소문나 식사 시간에는 항상 줄을 서야 한다. 가정집에 초대받은 듯한 차분하고 상냥한 분위기 속에서 정갈한 음식을 맛볼 수 있다. 그 밖에도 그때그때의 계절감을 담은 계절 디저트(季節のスイーツ, 420~610엔)와 다양한 차 메뉴도 있어 꼭 식사가 아니어도 잠시 들러 쉬어가기 좋다.

입구 옆에 대기 명단이 있다면 확인 후에 자신의 이름을 써 놓고 기다리자. 혹시 잠시 자리를 비운 사이 순서가 지나가도 스태프에게 말하면 먼저 이름을 불러준다.

번외편

① 눈에 띄는 간판이 없어 그냥 지나치기 쉽다. 문 옆에 세워 놓은 작은 입간판이 전부. 조금 더 눈에 띄는 '나라공방'을 찾으면 바로 옆에 있는 카나카나를 볼 수 있다.

② 인기 메뉴 카나카나고항. 후식으로 커피, 홍차, 허브티 중 하나를 선택할 수 있다.

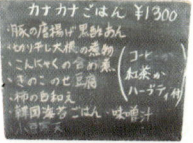

한국 여행객도 꽤 방문하지만 따로 영어 메뉴 사진 메뉴는 없다. 하지만 친절한 스태프가 있으니 말이 잘 통하지 않아도 주문 할 수 있다.

카페 한쪽 벽에는 오너가 집필한 책, 셀렉트한 책, 러시아의 작은 잡화 등을 판매하는 작은 잡화점 'Roro'가 있다.

3 Days in Kyoto 123

전국적으로 유명한 나라 대표 카페&잡화

쿠루미노키 くるみの木

📍 킨테츠 오미야(大宮)역에서 도보 약 15분 또는
　 나라교통버스 쿄이쿠다이후조쿠츄각코마에
　 (教育大附属中学校前) 정류장에서 도보 3분
🏠 奈良市法蓮町567-1
🕐 월~목요일 11:30~17:30
　 금~일요일 11:30~21:00
📞 +81-742-23-8286
🌐 www.kuruminoki.co.jp

킨테츠 나라역과 신오미야역 사이, 그것도 역에서 꽤 떨어진 애매한 위치에 있어 처음 방문하는 사람들은 찾아가기도 어려운 카페 쿠루미노키. 하지만 일본 내에서는 잡지나 텔레비전에도 자주 나오는 유명 카페. 무려 전국 각지에서 연간 약 2만 명의 사람이 이곳의 런치를 먹기 위해 방문한다고 할 정도.

1984년 문을 연 쿠루미노키는 벌써 30주년이 넘은 카페로, 처음 몇 년 동안은 좋지 않은 입지와 홍보로 어려운 시기를 보냈다. 하지만 오너 이시무라 유키코(石村由起子) 씨는 꾸준히 자신만의 감성으로 예쁘고 유용한 잡화들을 셀렉트하고 나라에서 생산된 식재료를 활용한 맛있는 요리를 개발했다. 그리고 그러한 노력이 많은 사람에게 전달되어 지금은 쿠루미노키를 방문하기 위해 나라에 오는 사람들이 있고, 쿠루미노키와 관련한 다양한 서적이 나올 정도다. 쿠루미노키를 방문해 그 따뜻하고 다정한 분위기 속에서 건강한 맛의 식사를 하다 보면 정성을 다해 카페를 지켜온 지난 시간과 노력이 조금은 느껴진다. 런치(くるみの木 季節のランチ, 1620엔)는 5~6일마다 메뉴가 변한다. 한정 개수 안에서 예약을 받는 것이라 예약을 해도 만석일 시 기다려야 할 수 있다.

① 카페가 있을까 싶은 철도 건널목 옆에 숲 속의 작은 산장 같은 모습으로 자리하고 있는 쿠루미노키는 따뜻한 분위기의 심플하고 소박한 공간이다.

② 런치의 경우 길게는 1~2시간을 기다려야 하는 경우도 있어 대기실(10:30부터 대기 오픈)이 따로 마련되어 있다. 의자와 다양한 잡지를 두어 지루하지 않게 기다릴 수 있게 하려는 배려가 엿보인다.

③ 특제켄친카레(特製けんちんカレー, 980엔), 마른 멸치와 버섯으로 우려낸 다시 국물을 사용하고 연근, 곤약 등의 채소를 듬뿍 넣은 특제 카레, 런치를 제외한 식사 메뉴는 평일은 15시까지, 주말은 종일 주문 가능하다.

④ 오므라이스(オムライス, 980엔). 버터와 간장으로 맛을 낸 쿠루미노키만의 오므라이스에는 특제 케첩이 올라가 맛을 한층 고급스럽게 만들어준다. 케첩은 잡화점 카쥬에서 판매한다.

⑤ 입구 쪽에 위치한 작은 잡화점 카쥬(cage). 다양한 생활용품과 먹거리 등을 판매하고 있다.

과거와 현재가 공존하는 나라마치에서 쇼핑하기

행정 지명으로는 존재하지 않는 마을 나라마치, 옛 가옥들이 남아있는 골목에 카페, 갤러리, 잡화점 등이 들어서며 하나의 커뮤니티를 형성했다. 예스러운 분위기 속에 세련된 감성이 함께 흐르는 골목에서 쇼핑하기 좋은 스폿을 추천한다.

나라마치 속 개성파 작가들의 공방 모임

나라마치공방 ならまち工房

나라마치의 동쪽 구석에 자리한 나라마치공방. 카나카나와 가까이에 있어 식사 대기 시간에 들러 구경을 하거나 식사 후 방문하기 좋다. 이곳은 개성파 작가들이 함께 모여 꾸려가는 공방과 갤러리 숍, 카페 공동체다. 마치야를 개조한 내부가 깊은 건물의 1, 2층에는 잡화점, 공방, 카페 등의 7개의 점포가 입점해 있다. 전통 잡화를 판매하는 상점이나 액세서리 전문점, 수제 잡화점 등에서 귀여운 기념품들을 구매할 수 있다.

- 킨테츠 나라역에서 도보 15분 또는 JR 나라역에서 도보 20분
- 奈良市公納堂町11
- 11:00~18:00
  대부분 월요일 휴무(가게마다 다름)
- 가게마다 다름
- narakoubou.chottu.net

> **TIP**
>
> 나라마치공방 1층의 깊은 복도 끝에는 'omoya 레스토랑'이 있다. 이 레스토랑으로 통하는 문을 따라 나오면 왼쪽으로 나라마치공방 II가 있다.

나라를 지켜온 300년 전통의 텍스타일 브랜드
유 나카가와 遊中川

- 킨테츠 나라역에서 도보 7분 또는 JR 나라역에서 도보 15분, 상점가 모치이도노 센타가이(もちいどのセンター街)의 ISHIGAMI라는 상점 옆 골목 안쪽에 위치
- 奈良市元林院町31-1
- 10:00~18:30
- +81-742-22-1322
- www.yu-nakagawa.co.jp

1716년 나라에서 창업하여 300년째 전통 마 직물을 취급하고 있는 '나카가와마사시치쇼텐(中川政七商店)'의 텍스타일 브랜드 유 나카가와. 나카가와마사시치쇼텐은 나라를 중심으로 사업을 확장해 현재는 다양한 브랜드를 가지고 있는 기업으로 성장했다.

그중 유 나카가와는 오래된 것에 새로운 것을 입혀 더 나은 것을 만들어내는 일본의 문화적 특성을 이어받아, 일본 전통의 소재, 기술, 디자인에 현대의 감각을 덧입혀 새로운 텍스타일을 제안하고 있으며 다양한 의류, 가방, 생활용품, 잡화, 문구 등을 취급하고 있다. 나라만의 분위기를 간직한 선물이나 기념품을 원한다면 꼭 들러봐야 할 곳!

귀여운 사슴 모양 자수가 놓인 제품들은 나라의 기념품으로 딱이다!

나라의 사슴

COLUMN

나라에 한 번이라도 방문해본 사람이면 '나라=사슴'이라는 이미지를 바로 떠올리게 될 것이다. 그만큼 거리 곳곳을 누비는 사슴들의 모습은 특별한 풍경이고 잊지 못할 기억이 된다.

나라에는 왜 사슴이 있는걸까?

나라에 사슴이 많은 이유는 카스가타이샤와 관계 있다. 카스가타이샤에서 모시고 있는 4명의 신 중 하나인 타케미카즈치(武甕槌命)가 흰 사슴을 타고 내려왔다는 전설로 인해 그의 사자(使者)로 여겨지며 신성시된 것이다. 나라에서 사슴을 소중히 여기는 문화는 오래 전부터 이어져 온 것으로 에도 시대에는 사슴을 죽이면 사형에 처했다는 말이 있을 정도. 현대에 들어서는 1957년에 '나라의 사슴'이 국가 천연기념물로 지정되며 보호받고 있다.

여름철 사슴 / 가을·겨울철 사슴

나라 사슴의 생태

나라의 사슴은 '야생동물'

물론 나라코엔 주변의 사슴들은 사람들과 친숙해 해를 가하지 않는 이상 먼저 사람을 해치는 일은 거의 없다. 하지만 어디까지나 '야생'이라는 점을 염두에 두고 사슴을 대할 때 조심하는 것이 좋다. 누군가가 사육하거나 소유하고 있는 것이 아니므로 사슴으로 인한 피해를 입어도 책임을 져줄 사람이 없으니 말이다. 아기 사슴을 낳는 5~6월과 번식기인 9~11월에는 예민한 경우가 많으니 특히 조심하는 것이 좋다.

나라의 이곳저곳에서 만날 수 있는 사슴

나라의 거리 곳곳에서 귀여운 사슴 모양을 찾는 것도 나라에서 느낄 수 있는 즐거움 중의 하나다. 나라를 대표하는 마스코트 캐릭터 역시 '시카마로(しかまろ)'라는 이름의 귀여운 남자아이 사슴이다. 운이 좋다면 상점가나 마을을 걷다가 우연히 시카마로 군을 만날지도!

나라 사슴이 좋아하는 것은 시카센베

사슴에게 먹이를 주고 싶다면 시카센베(鹿せんべい)를 사서 주자. 시카센베로 생기는 수익은 사슴들을 위해 쓰이니 여러모로 좋은 일을 하는 셈. 사람이 먹는 음식을 주는 것은 사슴의 건강을 해치는 것이니 절대 하지 말아야 한다.

사슴의 털갈이와 무늬 변화

나라 사슴은 봄과 가을에 털갈이는 한다. 봄 털갈이 후에는 털이 빠진 자리에 하얀 털이 자라, 여름에는 아기 사슴 같은 하얀 점박이 무늬를 볼 수 있다. 가을철 털갈이는 겨울을 보내기 위한 것이므로 뻣뻣한 털들이 자라 겨울 사슴은 진한 갈색의 털로 덮여 있다. 동화 속에 나오는 예쁜 무늬의 사슴을 만나고 싶다면 여름철에 방문하는 것을 추천한다.

나라 마스코트 시카마로 군.

귀여운 사슴 모양 오미쿠지.
유.나키기와 350엔
카스가타이샤 500엔, 600엔

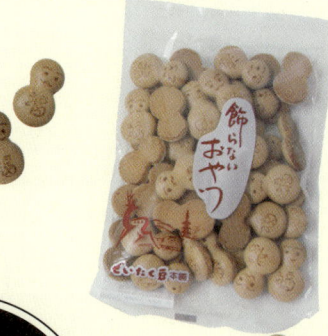

Special
나라에서 온 선물

복을 가져다 준다는 후쿠다루마(福だるま)
모양의 귀여운 과자.
제이타쿠마메(ぜいたく豆) 216엔

쿠루미노키 잡화점 카쥬에서 판매하는
귀여운 사슴 캐릭터가 새겨진 센베.
쿠루미노키 892엔

제60차 시카넨조타이 기념 흰 사슴
'스가쨩(すがちゃん)' 인형.
카스가타이샤 1280엔

감주 풍미의 탄산수, 시카(사슴) 사이다.
시카쇼 노요리(酒商のより) 210엔

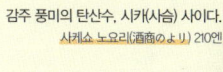

뚜껑에 토다이지 대불님의 인자한
얼굴이 그려진 대불 푸딩.
마호로바 다이부츠푸린(まほろば大仏プリン) 각 378엔(小)

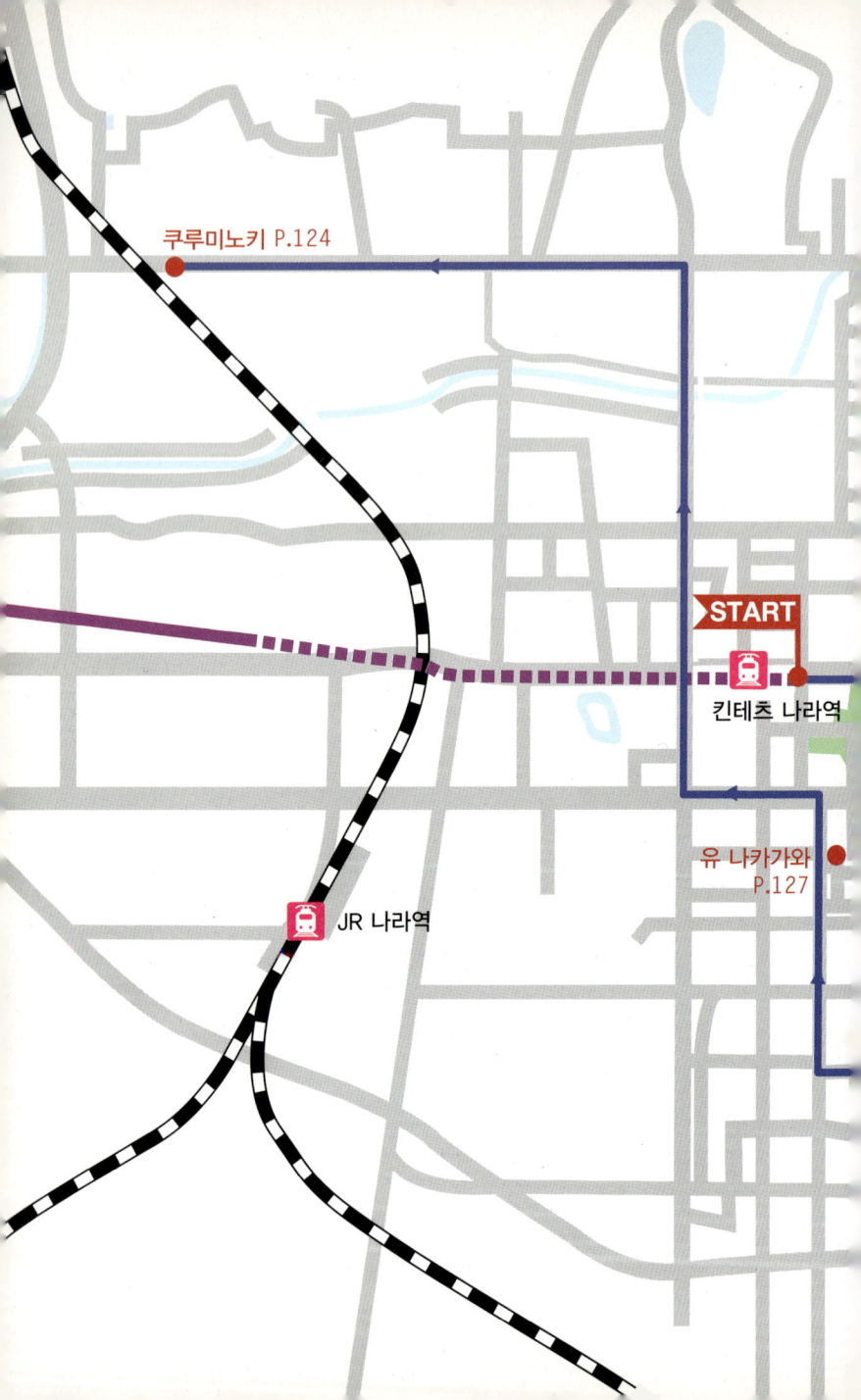

Special
제가 묵어봤습니다!
교토 추천 호텔

호텔 안테룸 교토
Hotel Anteroom Kyoto

장기 투숙자 혹은 교토를 여러 번 방문하여 굳이 관광지와 가까운 역 근처나 중심가에 묵을 필요가 없는 여행자에게 강력 추천하는 호텔! 교토의 현재를 표현하는 예술과 문화가 집결된 장소를 추구하는 부티크 호텔이다. 1층 로비에 들어서면 넓은 공간에 전시 중인 갤러리가 먼저 눈에 들어온다. 안쪽으로는 분위기 좋은 라운지 바와 조식당이 있다. 특히 객실은 디테일에 신경 쓴 오리지널 가구와 아트 워크를 통해 콤팩트하면서도 아늑함이 물씬 느껴진다. 바로 앞에 꽤 큰 마트가 있어 편리하다. 합리적인 숙박비도 호텔 안테룸의 매력 중 하나! 싱글룸이나 성수기 숙박의 경우 빨리 마감되는 편이니 예약을 서두르는 게 좋다. 기본 어매니티와 공기 청정기가 준비되어 있으며 전 객실에서 와이파이가 가능하다.

- JR 교토역 하치조히가시구치(八条東口)에서 도보 15분 또는 지하철 쿠조(九条)역 4번 출구에서 도보 8분
- 京都市南区東九条明田町7
- +81-75-681-5656
- hotel-anteroom.com

호텔 몬트레이 계열의 특징은 내부에 채플 결혼식장이 있는 것. 때로 예식이 진행 중인 모습을 볼 수 있다.

호텔 몬트레이 교토
Hotel Monterey Kyoto

일본 전역의 다양한 도시에서 만날 수 있는 몬트레이 그룹의 호텔. 시조~카라스마 사이 중심가에 숙박하며 아침 일찍 교토의 오래된 카페에서 모닝 세트를 즐기고 싶은 여행자에게 추천한다. 앞에서 소개한 이노다·스마트·마에다 커피점까지 도보 10분 내외에 갈 수 있다. 또 중심가 대로에 위치하고 주변에 지하철역과 버스 정류장도 다양해 이동이 편리하다.

호텔 로비가 꽤 고급스럽고 컨시어지가 따로 운영되어 짐을 맡기거나 이동할 때 편하다. 객실 복도 입구는 룸 카드로 열어야 들어갈 수 있어 보안에도 충실하며, 전 객실 금연인 여성 전용층이 운영되고 있어 혼자 여행하는 여성 여행자도 안심할 수 있다. 객실 디자인은 교토의 분위기를 표현한 세 가지 타입이 있다. 다양한 어매니티와 공기청정기가 준비되어 있으며 전 객실에서 와이파이가 가능하다.

🚇 지하철 카라스마오이케(烏丸御池)역 6번 출구에서 도보 2분
📍 京都市中京区烏丸通三条下ル饅頭屋町604
📞 +81-75-251-7111
🌐 www.hotelmonterey.co.jp/kyoto/

3 Days in Kyoto

호텔 훗케 클럽 교토
Hotel Hokke Club Kyoto

교통의 중심지인 교토역 바로 앞에 위치해 버스, 지하철을 이용해 교토의 이곳저곳으로 이동할 때 가장 편리한 입지의 호텔이다. 비즈니스호텔이기 때문에 객실과 욕실이 크지 않지만 대부분의 일본 비즈니스호텔이 그렇듯 불편함이나 부족함은 없다. 여성을 위한 숙박 패키지를 선택하면 로비에서 매일 마스크팩, 미용 소품 등 선택해서 가져올 수 있다. 호텔 뒤쪽 요도바시(크ドバシ) 건물 지하에 대형 마트가 있어 편리하다. 호텔에 머무는 시간이 길지 않고 교통이 편리한 곳을 찾는 여행자에게 적합하다. 기본 어메니티와 공기 청정기가 준비되어 있으며 전 객실에서 와이파이가 가능하다.

- JR 교토역 추오구치(中央口)에서 도보 1분, 교토타워 바로 옆 건물
- 京都市下京区東塩小路町579-16
- +81-75-361-1251
- www.hokke.co.jp/kyoto/

교토 플라자 호텔
Kyoto Plaza Hotel

- JR 교토역 하치조히가시구치(八条東口)에서 도보 8분 또는 킨테츠 토지(東寺)역에서 도보 3분
- 京都市南区西九条蔵王町28
- +81-75-691-0100
- www.kyoto-plazahotel.co.jp

비즈니스호텔이며 교토역 하치조히가시구치에서 조금 걸어가야 하는 곳에 있어 애매한 면이 있지만, 의외의 장점들이 있는 호텔. 조식이 무료로 제공되고 숙박객 누구나 이용할 수 있는 대욕장이 있다. 조식은 일본 가정식 뷔페로 다양한 반찬이 제공되어 꽤 든든하게 먹을 수 있고, 대욕장은 작지만 하루의 피로를 풀기에 좋다. 호텔로 걸어가는 길에는 이온몰(イオンモール)이라는 대형 쇼핑몰이 있어 장을 보거나 쇼핑을 할 때 편하다. 특히 신관은 생긴 지 1~2년밖에 안된 객실이라 매우 깔끔하다. 베개 종류를 선택할 수 있는 서비스가 있고 기본 어메니티가 준비되어 있으며 전 객실에서 와이파이가 가능하다.

객실 복도 중간 커다란 창에서 토지(東寺)를 볼 수 있는 공간이 마련되어 있다. 봄·가을 라이트업 기간에는 토지의 아름다운 야경을 볼 수 있다.

에필로그

칸사이의 대표 도시 오사카, 교토, 고베, 나라는
너무나 뚜렷하게 서로 다른 매력을 가지고 있습니다.
덕분에 다양한 입맛의 여행자들을 만족시키며 인기를 얻고 있습니다.

그중에서도 교토는 가장 애정을 느끼는 도시입니다.
차분하고 느릿하게 흐르는 특유의 분위기.
계절에 따라 너무나 아름다운 모습을 보여주는 자연.
유난히 상냥하고 조곤조곤한 말투의 사람들.
소중히 이어져 오는 옛것을 지켜나가려는 그들의 고집...

그런 교토의 매력을 함께 즐기고자 하는 마음으로
〈3데이즈 in 교토〉를 기획하고 취재했습니다.
모든 여행자를 만족시키기는 힘든 일이지만
조금이라도 교토에 가고 싶어지게 하는 여행서.
교토에서 좋은 기억을 만드는 데 도움이 되는 여행서.
교토의 아름다운 추억이 떠오르게 하는 여행서가 되면 좋겠습니다.

〈3데이즈 in 교토〉와 함께 교토의 새로운 매력을 찾는 여행이 되길 바랍니다.

감사합니다.

사진 출처 『flickr』 113p CC BY-Kennosuke Yamaguchi
취재 협조 Kyoto Design House, 革工房 Rim
Special thanks to 김경애

3데이즈 in 교토

초판 1쇄 2015년 11월 25일

발행인 양원석
편집장 고현진
취재·편집 백혜성
디자인 RHK 디자인연구소 지현정, 이경민, 이창진
해외저작권 황지현
제작 문태일
영업마케팅 이영인, 양근모, 김민수, 장현기, 정미진, 전연교, 이선미

펴낸 곳 (주)알에이치코리아
주소 서울시 금천구 가산디지털2로 53 한라시그마밸리 20층
편집 문의 02-6443-8932 **구입 문의** 02-6443-8838
홈페이지 http://rhk.co.kr
등록 2004년 1월 15일 제 2-3726호

ⓒ 2015 알에이치코리아

ISBN 978-89-255-5789-2(13980)

※ 이 책은 (주)알에이치코리아가 저작권자와의 계약에 따라 발행한 것이므로
  본사의 서면 동의 없이는 어떠한 형태나 수단으로도 이 책의 내용을 이용하지 못합니다.
※ 잘못된 책은 구입하신 서점에서 바꾸어 드립니다.
※ 책값은 뒤표지에 있습니다.